A cura da alma feminina

12/14.12

Direção geral: Fábio Gonçalves Vieira

Capa: Rafael Brum

Preparação, diagramação e revisão: Decápole/Bruno Castro

Este livro segue as regras da Nova Ortografia da Língua Portuguesa.

Editora Canção Nova

Rua João Paulo II, s/n – Alto da Bela Vista

12 630-000 Cachoeira Paulista – SP

Tel.: [55] (12) 3186-2600

E-mail: editora@cancaonova.com

loja.cancaonova.com

Twitter: @editoracn

ISBN: 978-85-7677-904-9

PE. ADRIANO ZANDONÁ

A cura da alma feminina

RESGATANDO A VERDADEIRA
ESSÊNCIA DA MULHER

Canção Nova
EDITORA

petra

Sumário

1. A cura da alma feminina

Os dotes de delicadeza, sensibilidade e ternura peculiares, que enriquecem o espírito feminino, representam não apenas uma força genuína para a vida das famílias, para a propagação de um clima de serenidade e de harmonia, mas uma realidade sem a qual a vocação humana seria irrealizável. E isto é importante! Sem estas atitudes, sem estes dotes da mulher, a vocação humana não consegue realizar-se! – PAPA FRANCISCO[1]

COM MUITO RESPEITO, ALEGRIA e senso de responsabilidade aceitei este imenso desafio de, como homem e como sacerdote, escrever sobre você, mulher, na certeza de que sua presença agrega um valor inestimável para cada ser humano, visto que sua alma é portadora de talentos e dotes capazes de

---

[1] Discurso às participantes no Congresso Nacional do Centro Italiano Feminino. 25 de março de 2014, Sala Clementina, no Vaticano.

trazer novas cores e esperanças em meio às penumbras deste mundo. Sei que tal iniciativa exige sinceridade e, sobretudo, muita reflexão, a fim de se evitar o sempre presente risco da generalização. A este risco procurarei com veemência dissipar, em respeito à pluralidade que compõe o universo de cada mulher.

Marias, Fernandas, Franciscas ou Bárbaras, cada mulher é um mundo particular composto pelo mosaico de suas experiências, aprendizados, dores e alegrias. Cada mulher é, de fato, singular e não há uma receita pronta que possa "esgotar" a feminilidade em apenas uma fórmula ou conceito.

Há mulheres mais sensíveis e/ou frágeis, outras mais fortes e destemidas, algumas do campo, outras da cidade. Algumas aventureiras e inovadoras, outras mais discretas e comedidas. Escritoras, médicas, professoras, cozinheiras, filhas ou mães... Cada uma com uma história diferente constantemente escrevendo, com a caneta da alma, enredos e capítulos muito peculiares na biografia que a história lhes confiou.

A feminilidade não é um algo estático ou facilmente definível, visto que – como afirmamos – cada mulher é um universo e tem gostos, temperamentos e aptidões muito particulares. Todavia, é inegável que existem algumas realidades comuns no tecido que compõe a feminilidade, compreensões que nasceram de uma espécie de consenso sobre o tema e são fruto da observação de várias pessoas – estudiosos(as) e, até mesmo, das próprias mulheres – ao longo dos anos, e que nos autorizam a identificar e ressaltar alguns dons e particularidades que são comuns ao universo feminino, destacando-se – com alguma notoriedade – nas mulheres de todos os tempos.

De fato, como ressaltou a frase que inaugurou este capítulo, os dotes e a sensibilidade feminina são um grande tesouro para este mundo, sem os quais – como afirmou Francisco – a vida e vocação humana seriam duras e irrealizáveis. A revelação bíblica, as tramas literárias, a música e a arte em geral de alguma forma sempre evidenciaram a figura da mulher com uma relevância característica,[2] enfatizando, ainda que com discrição, o seu grande dom de injetar humanidade e sensibilidade em meio às asperezas presentes nas circunstâncias da vida.

A mulher tem um jeito único de enxergar a realidade. Ela, independentemente dos capítulos de sua história pessoal, apresenta como que uma "inclinação natural" para enxergar a vida e as pessoas com os olhos do coração. *Seu olhar tende a ser de subjetividade, com o qual enxerga pessoas, não somente as coisas.* A partir de sua constituição hormonal e de sua natural inclinação ao cuidado (que tem sua intensa expressão na maternidade), a mulher traz no coração um incrível dom – desenvolvido ou não – de perceber os detalhes das pessoas e circunstâncias, enxergando melhor as angústias, apelos e necessidades dos seres humanos que com ela partilham a existência.

A presença da mulher é imprescindível para a realização da vida, da família e da história. Ela ocupa um papel profunda-

---

[2] Isso apesar dos inúmeros limites manifestos em preconceitos históricos como o machismo, a diminuição da importância das mulheres no contexto social e profissional etc.

mente meritório na dinâmica da vida que nasce, desenvolve-se, aprende, ama e, por fim, despede-se.

A mulher recebeu a valorosa missão de, em comunhão com o homem, conceber e gerar a existência. Contudo, seu papel é intenso e acentuado neste processo, visto que seu ventre é a terra fecunda onde a semente da vida se implanta, acontece e concretamente vem à luz. Na dinâmica da gestação ela dá de seus ossos, de seu sangue e de sua própria carne ao(à) filho(a), o que gera uma profunda conexão entre ela e o fruto que seu ventre concebe.

É facilmente observável a compreensão que, de maneira geral e salvo raras exceções – acentuadas por difíceis e atípicas circunstâncias, todo(a) filho(a) possui uma forte conexão com sua mãe que se manifesta como uma verdadeira comunhão de vida: realidade que o(a) marcará pelo resto da existência. Todo(a) filho(a) carrega muito de sua mãe, evidenciando uma íntima conexão que – na maioria das vezes – nem distância ou morte poderão apagar.

A mulher, apesar dos muitos limites e preconceitos registrados ao longo da História, sempre teve um papel fundamental para a formação de cada pessoa e para o equilíbrio da sociedade, evidenciando uma forma muito especial de interpretar as circunstâncias e administrar os relacionamentos. Ela sempre esteve presente – ainda que de forma discreta – no curso dos fatos, trazendo um colorido muito especial para a dinâmica da vida e para o universo das interações humanas.

Contudo, é inegável o fato de que o papel da mulher – na família e em todas as realidades – enfrentou uma concreta transformação no último século, o que gerou incalculáveis impactos com consequências positivas e negativas. Apesar dos limites e injustiças que ainda temos em relação a essa temática, envolvendo uma carga considerável de preconceito ainda perpassando nosso tempo, é indiscutível que a mulher conquistou muitos novos e significativos espaços nos últimos anos, com um reconhecimento e valorização muito mais evidente e acentuado (sobretudo no mundo ocidental). Ela assegurou definitivamente o seu ingresso no mercado de trabalho, revelando um talento e comprometimento ímpares, e conquistou uma maior autonomia para construir seu futuro e realizar suas conquistas.

É claro que ainda precisamos avançar muito, todavia, é fato que já houve inúmeras conquistas – facilmente observáveis – nesta temática. Basta compararmos nossa realidade com a de nossas avós, por exemplo, para percebermos como as mulheres contemporâneas são percebidas e interpretadas de forma diferente. No entanto, essas novas conquistas – que são um fato positivo em si – trouxeram também novos problemas e desafios, ampliando as exigências e apresentando novas questões a serem resolvidas no tocante ao papel da mulher no trabalho, na família e na sociedade em geral.

As mulheres de décadas passadas conquistaram o justo e inegável direito de trabalhar – o que, por incrível que pareça, era fato inédito há algum tempo, entretanto, esse direito conquistado tornou-se para muitas mulheres de nosso tempo um inquestionável "dever" – não mais direito. Muitas atualmente se veem obrigadas a realizar este ofício, que se mostra extremamente necessário para o equilíbrio do orçamento e das despesas da família. Ou seja, o que era um direito se tornou, para muitas, uma obrigação da qual não se pode abrir mão, gerando um acúmulo de tarefas que sobrecarrega inúmeros corações femininos em nosso tempo.

São muitas as mulheres que, atualmente, precisam inevitavelmente trabalhar. Entretanto, muitas delas continuam sendo mães e esposas (com suas específicas atribuições), e prosseguem tendo uma importantíssima participação na construção do equilíbrio emocional, psíquico e espiritual de suas famílias. É claro que o homem/marido pode e deve ajudar nas obrigações domésticas e familiares; contudo, existe na mulher, por sua própria constituição psíquica, emocional e espiritual, dons e atribuições muito peculiares, e que apenas ela – justamente pela beleza que a compõe – poderá realizar.

O homem/pai tem o seu lugar que, diga-se de passagem, é único e muito importante no contexto familiar. Isso ninguém poderá roubar ou anular. Entretanto, sempre haverá circunstâncias em que qualquer ser humano (eu, você ou qualquer criança) terá uma maior tendência a procurar acolhida junto à mãe, visto que nela se pode mais facilmente encontrar – salvo raras exceções – uma específica sensibilidade que é fruto de sua natural ligação afetiva conosco, o(a) filho(a), fruto de seu ventre.

Não é muito difícil escutar alguém falando: "Minha mãe foi o nosso pilar lá em casa. Ela foi a base emocional e espiritual que manteve nossa família unida, dando-lhe condições de superar suas angústias e dificuldades. Ela tinha um jeito único de cuidar de cada um(a) e de fazer com que permanecêssemos juntos, sem deixar que as diferenças ou problemas nos separassem".

A ligação entre a mãe e o filho é muito forte, e são atípicas as vezes em que tal conexão não acontece. Este é um fato biológico incontestável que até a ciência já evidenciou, apresentando como tão forte a fusão entre um(a) filho(a) e sua mãe que, em vários momentos da primeira infância, a criança chega até a acreditar que ela e a mãe são uma única e mesma pessoa.

A criança se percebe tão ligada à mãe que a vê como inteira extensão de si e como sua propriedade única. Apenas a partir de seu crescimento – e da dinâmica do amadurecimento próprio das próximas fases etárias – é que ela conseguirá romper esse processo de fusão, compreendendo-se como uma outra pessoa, singular e diferente da mãe.

A forte ligação biológica, porém, não é a única. Os laços entre mãe e filho(a) são, na maioria das vezes, alicerçados justamente a partir da maneira feminina com qual a mãe enxerga a vida, a qual tem uma forma mais intuitiva e afetiva de compreender as pessoas e realidades. Toda mãe tem a sua maneira de estabelecer conexões com os filhos(as) construindo vínculos de afeto, mesmo quando essa expressão não é facilmente identificada ou observável.

Há casos nos quais essa natural ligação entre mãe e filho(a) não aconteceu em virtude de sua morte (mãe) ou outros fatores. Todavia, na maioria de tais situações sempre houve uma avó, irmã ou tia, enfim, uma mulher, que acabou realizando este ofício, construindo com a criança uma materna interação. Para o sadio desenvolvimento humano, essa presença materna/feminina é imprescindível, visto que agrega ao coração peculiaridades que são especificas ao universo da mulher. Quando essa referência feminina não existe – ou é negativa e desequilibrada – a pessoa em questão carregará consequências emocionais disso ao longo de sua história.

Essa ausência materna, ou sua presença desacertada e de-sequilibrada, podem fragilizar significativamente a formação de uma mulher. Mulheres que tiveram mães problemáticas, ou que não tiveram uma boa referência materna/feminina, terão uma maior tendência a experienciarem dificuldades na construção e no exercício de sua feminilidade, precisando – necessaria-mente – viver um processo de cura afetiva para equilibrarem essa ausência e curarem as feridas causadas pela falta de um saudável referencial.

Toda criança precisa de referências e de modelos saudá-veis nos quais se pautar. Não nascemos prontos; vamos nos construindo a partir dos exemplos que podemos encontrar ao longo da existência. No entanto, não estou afirmando que todos temos que ter famílias perfeitas ou "cinematográficas", preenchidas por membros perfeitos, para podermos crescer com equilíbrio e êxito. É claro que isso ajuda, mas, ainda que nossas famílias tenham sido disfuncionais (por ter faltado o pai, ou a mãe, ou ambos), se houve alguém que nos foi uma referência positiva (um avô/avó, tio/tia, um homem e/ou uma mulher), isso foi extremamente benéfico para que pudéssemos superar tal ausência e crescer com equilíbrio.

Quando, entretanto, o contrário acontece e não temos referências positivas e equilibradas nas quais nos pautar, tenderemos a crescer colecionando incontáveis disfunções emocionais, as quais nos acrescentarão inúmeras feridas afetivas e relacionais – conscientes ou não – ao longo de nossa trajetória.

Toda criança precisa ter alguém para quem olhar. É natural do universo infantil buscar referências, olhar para alguém. E, justamente em virtude da atividade materno/feminina ser tão forte, toda criança buscará na mãe uma referência concreta para compreender-se e construir-se como pessoa desde sua idade mais tenra.

A atividade e personalidade feminina tendem a influenciar e marcar profundamente uma criança, acrescentado a ela realidades muito específicas e que serão uma base para o desenvolvimento de sua personalidade e de futuros relacionamentos.

Há em toda mulher traços muito fortes, afetivos e comportamentais, que influenciam diretamente na solidificação de qualquer pessoa e família. Ela, na maioria das circunstâncias, acaba encontrando uma forma mais relacional e humana para enfrentar os conflitos e problemas que naturalmente surgem no universo dos relacionamentos, sobretudo na vida familiar. Salvo quando porta intensos desequilíbrios emocionais e/ou comportamentais, a mulher manifesta a tendência a mediar conflitos e gerir relacionamentos com mais êxito.

Ela, justamente por ser mais afetiva e relacional, consegue compreender melhor as diferenças presentes entre as pessoas, tendo uma maior possibilidade de ser terna e conciliadora em várias situações.

Essa capacidade de cuidado, ternura e conciliação são atributos reconhecidamente femininos, e que tendem a emergir em seu contexto com mais facilidade. Todavia, cada mulher é um universo e foi moldada pela vida a partir das influências que pôde receber. As presenças e ausências de sua história a foram construindo, e conferiram um "colorido" peculiar à sua forma de acontecer como mulher, influenciando concretamente os resultados obtidos no exercício de sua feminilidade – para o bem ou para o mal.

Além das realidades pessoais e familiares que envolvem a construção humana de qualquer mulher, não podemos negar que vivemos uma realidade social diferente e um tanto confusa, o que acaba também atingindo as mulheres de nosso tempo e a forma como elas se interpretam e exercem sua feminilidade.

Conforme citamos anteriormente, as mulheres contemporâneas se acham visitadas por inúmeras exigências e deveres, o que as pode levar a um estado de sobrecarga e estresse, pelo constante acúmulo de tarefas.[3] Muitas dessas demandas são dignas e positivas; contudo, nem por isso deixam de exigir, por parte das mulheres, um misto de dinamicidade, equilíbrio, foco e energia. Malvine Malcberg, psicanalista e referência internacional em comportamento feminino (autora de vários livros

---

[3] Retomaremos essa temática no capítulo "Uma pausa: Como você se vê?".

sobre o tema), afirmou que a mulher atual vive uma intensa obrigação de ser multifuncional, e que para sobreviver ela precisa se equilibrar – com inteligência – entre as inúmeras atividades domésticas e profissionais que lhe são confiadas.

Sua avaliação sinalizou que as lindas conquistas das mulheres ao longo dos anos também geraram algumas frustrações, não só por terem de conviver e partilhar (às vezes, até competir) em um universo antes predominantemente masculino, mas porque a mulher, por sua própria natureza, sente-se muito mais inclinada a buscar equilibrar seu tempo e prioridades entre o trabalho e a família. Ou seja, muitíssimas mulheres sentem o natural desejo de se dedicar a outras áreas da vida – como os relacionamentos, a maternidade, o cuidado consigo mesmas, a família etc. – e não unicamente à dimensão financeira e profissional.

As mulheres de hoje estão extremamente inseridas no competitivo – e, por vezes, selvagem – universo profissional de nosso mundo capitalista, e muitas sentem uma grande dificuldade em encontrar o devido ponto de equilíbrio entre o ser e o fazer, entre a realidade profissional e a realidade relacional que suas almas anseiam cultivar.

Mas, como conciliar todas essas atribuições? Como identificar as prioridades e se equilibrar entre elas? Como alcançar êxito e realização profissional, sem prejudicar a dimensão familiar e relacional? Como conseguir focar-se no essencial sem ser engolida por tantos barulhos e tarefas?

Família, filhos(as), trabalho, escola, viagens, agenda, amigos(as), casa e tantas outras coisas movimentam a vida o tempo inteiro... *As funções e atribuições se avolumaram, mas, como administrar tudo isso sem prejudicar outras áreas da vida?*

A essas e outras perguntas buscaremos trazer luzes aqui, propondo caminhos para alcançarmos algum discernimento – talvez, sabedoria – no enfrentamento de tão necessárias questões. Para isso, trilharemos um caminho ascendente e positivo, que enfatizará algumas belezas e virtudes que já estão presentes em cada mulher, tenha ela consciência disso ou não.

Cada coração feminino será provocado a alçar este concreto voo em direção a uma intensa descoberta de si, a fim de trazer à tona os fantásticos tesouros que já moram em sua alma, mas que talvez estejam sufocados sob os entulhos das feridas, medos e desilusões presentes em sua história.

Muitas são as virtudes já presentes no coração feminino, muitas das quais precisarão ser resgatadas e melhor potencializadas. Tais dotes são como bússolas que o Criador depositou em cada mulher, a fim de guiá-las em um caminho de regresso à própria essência, inserindo-as em um trajeto de conquista do êxito e de uma verdadeira realização.

É óbvio que as questões aqui observadas, sobre o papel da mulher diante dos desafios de nosso tempo, são complexas e ainda precisarão ser refletidas e aprofundadas ao longo dos anos. *O fato é que cada mulher, a partir de um desafiante processo de autorreflexão, cura emocional e autodescoberta, precisará encontrar a sua forma de ser mulher assumindo a riqueza do que é, para assim se colocar adequadamente no mundo.*

Toda mulher precisará encontrar uma forma de equilibrar sua vida a partir de prioridades que sejam guiadas por seus verdadeiros valores e sonhos, ou seja, por aquilo que sua alma verdadeiramente anseia e que a poderá fazer verdadeiramente feliz.

Em virtude de inúmeras pressões sociais, de complexos, traumas e feridas emocionais, muitas mulheres acabaram abafando sua própria essência e identidade, assumindo uma postura confusa, "armada" e auto defensiva diante da vida. Mulheres que não sabem, de fato, o que é ser mulher a partir da genuína essência que do Criador receberam, mas que se acostumaram a viver para representar e agradar aos demais, sem nunca entrarem em contato com os verdadeiros anseios e verdade de sua alma. Corações que se tornaram reféns do medo e da carência, não tendo mais a disposição nem a liberdade para amar e se permitir amar.

Mesmo em meio a tantas exigências e caminhos propostos, cada mulher terá a árdua missão de descobrir quem é, a partir do que o Criador a construiu e moldou. O coração feminino não pode se esquecer de quem é, e precisa se empenhar para compreender o dom e a missão que na vida recebeu.

Toda mulher é um inestimável dom para este mundo e, como tal, precisa se compreender e enxergar. Ela não pode se "nivelar por baixo", abrindo mão de seu valor e dignidade em virtude de inseguranças, ou de um cárcere de dominação emocional fabricado por carências. Quando uma mulher se permite dominar pelo medo ou pela frustração, e troca sua dignidade pelo desejo de ser aceita e – falsamente – "amada", ela está traindo o propósito divino de felicidade que há sobre a sua vida, jogando "pelo ralo" as inúmeras possibilidades que descansam sobre sua história.

É claro que são muitas as realidades que podem ferir a alma de uma mulher, fazendo-a perder a consciência de seu próprio valor e integridade – trataremos disso ao longo do livro. Tais feridas nascem precisamente em circunstâncias difíceis de sua história de vida, compostas por relacionamentos tóxicos nos quais seu coração não encontrou a acolhida/segurança e o respeito de que necessitava. No entanto, haverá sempre um caminho de regresso para o coração ferido que se perdeu em busca de afeto e aprovação: haverá sempre a possibilidade de reconstruir a própria história, reencontrando o caminho de virtude e felicidade que o Criador[4] escreveu em cada alma feminina.

Existem capacidades e virtudes que cada mulher pode e deve desenvolver para reencontrar sua essência, conquistando a segurança e a força de que necessita para cumprir com maestria sua missão, concretizando o seu dom de ser mulher. Muitas dessas virtudes já estão em sua alma e coração, mas precisam ser cada vez mais estimuladas e cultivadas a fim de produzirem constantes frutos de cura e realização.

Deus, que criou com infinito amor cada mulher, é especialista em compreender os anseios e dilemas presentes em cada alma feminina. Saiba que Ele te entende como você é, e interpreta com exatidão suas lágrimas e os pedidos que muitas vezes você não foi capaz sequer de formular, mas que estão

---

[4] Cf. Jr 29,11.

presentes em suas emoções e anseios. Ele compreende suas lutas e está sempre pronto a te oferecer um puro e redentor afeto, realidade tão necessária para que a cura e a felicidade realmente visitem sua alma.

Este amor é capaz de resgatar a verdadeira beleza e dignidade presentes em seu coração, inaugurando caminhos de ressurreição através dos quais sua alma poderá encontrar-se com sonhos e dons que sua percepção nem sabia que moravam dentro de você.

Despeço-me deste primeiro capítulo dedicando um poema à primeira mulher que fez parte de minha vida (dona Bárbara), cuja sensibilidade me formou e educou, confiando-me a perspicácia para em tudo escolher com serenidade, sinceridade e reflexão.

À minha mãe

O tempo revelou-me, sem pressa, pediu que eu olhasse pra mim.
Raízes ninguém apaga.
Nem distância, nem mares, nem dor...
Somos o que somos. Perenes portadores de nossa história,
com suas presenças, reminiscências e nomes.
Seu jeito está em mim.
Seu olhar porta a sagacidade de abrir janelas escondidas na alma,
que me devolvem à simplicidade da verdade que às vezes escolho esconder.

Sua voz traz a senha.

Com ela o invólucro se rompe e volto a ser menino novamente.

E assim o jardim da integridade volta a florescer.

Com os traços de seu rosto monto o mosaico que me configura,

cada pedaço traz uma incontestada sensação.

Assim sou grama, areia e bola... tardes de chuva no sul.

Quando esqueço quem sou, recorro ao mapa que mora em você:

caminho seguro de regresso, com gosto de sonho,

que rompe a mentira mesquinha e faz a verdade de novo florescer.

O que sinto não tem nome. Apenas fugaz expressão.

Defino com simples palavra,

indicando a cena que em mim insiste em acontecer.

Essência!

Recorro à gratidão,

quando a memória convida para o enredo dos dias, cenários tristes e escuros,

nos quais houve dor e solidão.

Ali recordo que quando todos os olhos condenaram, seu amor me salvou.

Seu olhar acreditou, mesmo quando não fui capaz de fazê-lo.

Assim pude reescrever-me, superar-me

e tornar-me o que sou.

Eu a agradeço por seu colo e silêncio... Você sempre esteve ali.

Mesmo quando eu escolhi ir embora,

desistindo de construir o ofício da minha história.

Ainda somos jovens: "Não é mesmo?".

Somos novos e velhos,
morando em cada pedaço daquilo que um dia nos fez sorrir.
Aqui prossigo meu caminho.
No ofício de despertar o que adormeceu
e de trazer luz à noite que corre ao lado dos meus sonhos.
Com sincera esperança de que amanhã seja ontem,
e que nas tardes da memória o amor recebido nunca se apague.
Com esta percepção cada passo será iluminado
e o sentido jamais será roubado de cada experiência.
Então o coração colecionará conquistas,
e a liberdade de nunca apagar a simplicidade,
daquilo que um dia o construiu, fascinou e, enfim,
o fez feliz!

Pe. Adriano Zandoná

2. Realidades que ferem a alma feminina e confiscam sua autêntica beleza

COMO AFIRMAMOS NO CAPÍTULO anterior, existem algumas virtudes que fazem parte da essência de cada mulher, dons que de tempos em tempos precisarão ser despertados e estimulados a fim de se tornarem uma verdadeira bússola, a conduzir o coração feminino em um caminho de regresso à sua essência. Tal realidade se fará extremamente necessária a fim de que cada mulher possa iniciar um concreto caminho de cura, que lhe possibilitará restaurar os mais genuínos sonhos de sua alma.

Neste presente capítulo nossa reflexão se inicia a partir da expressão de um caminho que busca descobrir e fortalecer virtudes, acreditando que evidenciá-las e potencializá-las é sinônimo de descobrir-se e trans-

formar-se a partir do melhor, minimizando os inúmeros ecos negativos que insistem em emergir de nossos sofrimentos e fraquezas. Quando identificamos as virtudes presentes em nós e nelas investimos, tornamo-nos capazes de não estacionar em nossos defeitos e feridas; ao contrário, capacitamo-nos a dar voz às inúmeras belezas que já existem em nós e que, não obstante nossas contradições, precisam ser bem enfatizadas por portarem uma força de ressurreição.

Há muitos séculos, este itinerário de cura e ressurreição através do exercício da virtude tem sido evidenciado como extremamente eficaz. Já na antiga Grécia a virtude foi apresentada como um autêntico caminho de libertação e autotranscendência, inserindo o ser humano em um trajeto de conquista da sabedoria, do autodomínio e, por consequência, de uma autentica felicidade.

Desde Aristóteles (séc. 4 a.C.) a Santo Tomás de Aquino (séc. 13), e até os dias atuais, vários ramos da filosofia e da espiritualidade (sobretudo o cristianismo) apresentaram a dinâmica do desenvolvimento e aquisição das virtudes como um eficaz projeto de vida, capaz de nos conferir uma verdadeira "musculatura" psíquica, emocional e espiritual que nos acrescenta uma sabedoria muito prática.

Tal compreensão nos faz entender que *a melhor forma de superar um mal é alimentando e evidenciando um bem. Da mesma maneira, a melhor forma de vencer um defeito ou ferida é desenvolvendo uma virtude.* Por isso, aqui não focaremos tanto nas feridas e nos sofrimentos que as geraram; antes, proporemos um caminho de cura profunda através da descoberta e da prática da virtude, possibilitando a você assumir os dons fantásticos que já estão em sua alma. Acredite, sem ressalvas, nesta proposta, e deixe o bem vencer em sua história e coração!

Sim, a prática de estimular e desenvolver virtudes é um genuíno caminho de superação, que nos leva a bem administrar nossas fraquezas e melhor potencializar nossas belezas. Este é o mapa que aqui evidenciamos: *uma trajetória de descoberta e cultivo de virtudes capazes de tornar cada mulher cada vez mais realizada em sua essência, restituindo em si os moldes e a beleza originais (segundo o que Deus originalmente fez).*

Proporemos um caminho de regresso à própria verdade e identidade, através do qual cada coração feminino poderá "devolver-se", descobrindo que muitas das respostas que seu olhar procura já estão dentro de si, nos contextos e enredos que sua história conta.

Afirmou o Papa Francisco: "A mulher é a coisa mais bela que Deus fez[5] (...)". Aqui ele apresentou – de forma lúdica – uma linda intuição que se encontra em alguns dos livros da Sagrada Escritura e em outras obras da literatura universal. Essa fina intuição evidencia a mulher como um verdadeiro "baú repleto de belezas", que são específicas virtudes que a levam a colorir a opacidade de nosso mundo muitas vezes contraditório e desarmônico.

Cada mulher é portadora de uma "beleza criacional", visto que, no quadro da História, Deus a compôs para coroar a obra da criação com beleza e leveza ímpares. No entanto, facilmente se percebe que muitíssimas mulheres ainda sequer tocaram no rico universo de beleza e virtude que nelas se esconde (sobretudo em suas almas), nem descobriram as pérolas já presentes

---

[5] Em entrevista ao jornal italiano *Il Messaggero*, em 29.06.2014.

dentro de si. Desta forma, não foram capazes de assumir com inteireza sua própria dignidade e valor.

Isso muitas vezes acontece em virtude das inúmeras feridas presentes nos corações femininos e que os marcaram negativamente ao longo de suas biografias, impedindo-os de enxergar e perceber sua própria verdade e riquezas. Isso acomete mulheres que não se perceberam amadas nem aprenderam a se amar, mas que em inúmeras circunstâncias amargaram a decepção e o desafeto, o que lhes furtou a capacidade de se interpretar a partir de um enfoque positivo e valoroso.

As feridas quase sempre nascem no desamor. Elas causam uma cegueira interior, tornando o olhar limitado para perceber o próprio valor e para acreditar em si. *E, inevitavelmente, quem não consegue se valorizar acaba falhando na tarefa de se respeitar, deixando de impor alguns necessários limites que serviriam de proteção contra formas indecorosas e abusivas de relacionamento.*

Justamente por ter uma grande sensibilidade e uma maior fineza emocional, a mulher acaba se machucando mais e com mais facilidade, especificamente pelo fato de – muitas vezes – exercer o afeto com intensidade e entrega, sentindo a necessidade de receber, da mesma forma, um afeto sincero e que lhe confira alguma segurança. *A mulher, por sua própria constituição humana, manifesta o genuíno desejo de sentir-se apreciada, percebida e amada e, quando tais necessidades não são satisfeitas, suas emoções acabam se ferindo e sua percepção de si e do mundo tende a se machucar consideravelmente.*

O coração feminino, desde a mais remota idade, é visitado pelo sincero desejo de ser acolhido, estimado e devidamente desvendado. Todavia, quando o afeto é ausente e imperam o desafeto e a decepção, a alma feminina tende a sentir-se atingida e machucada, por ver romper-se a construção do tecido emocional que daria segurança e afirmação à sua identidade.

Feridas sufocam virtudes e, infelizmente, acabam abafando o amor (sobretudo o amor próprio). Essa é uma realidade terrível e facilmente observável...

Por isso, paralelamente à proposta de um caminho de estímulo e desenvolvimento das virtudes, o qual norteará este livro, realizaremos também um processo de diagnóstico interior, a fim de que cada mulher possa se observar, compreender e, por fim, caminhar para a cura das feridas mais profundas de sua história, que fragilizaram seu afeto e tornaram desalegres os seus passos.

Feridas sufocam virtudes e o bem que deseja desabrochar em nós. Elas tornam a alma cega para perceber a vitória que se esconde por trás de cada perda ou aparente derrota. Somente a partir de um caminho de cura profunda através do amor, as belezas e dons presentes no coração poderão desabrochar, vindo à tona com uma formosura e vivacidade extraordinárias.

Como afirmamos, a mulher possui uma sensibilidade latente e mais acentuada – realidade que evidenciaremos posteriormente – e, por isso, na grande maioria das vezes se envolve mais, cuida mais, se doa mais. Justamente por isso, corre o risco de se machucar e se decepcionar mais. O desamor e os processos de desafeto são realmente cáusticos para o tecido emocional presente em uma mulher, pois inauguram um complexo processo de carência e esquecimento do próprio verdade e valor.

Cada mulher traz uma menina dentro de si,[6] independentemente da idade. Uma menina muitas vezes ferida e machucada, precisando de colo, de afeto sincero, de atenção... Uma delicada menina que precisa ser compreendida, cuidada e amada, para assim sentir-se "afirmada" e poder construir-se de maneira mais exitosa.

Essa alma de menina persiste em cada coração feminino. Todavia, justamente quando na infância as experiências foram duras e o amor não soube vencer, a menina em questão tende a não crescer e a dominar a presente mulher por toda a vida. Dessa forma, vemos mulheres que já acumularam idade, mas infelizmente não amadureceram nem conquistaram independência emocional.

Mulheres que até possuem o corpo e a idade de uma mulher – jovem, adulta ou idosa, mas que estão aprisionadas à criança que dentro delas não soube crescer, tornando-as sempre reféns do medo, da insegurança e de constantes carências emocionais. Corações com idade adulta, mas com reações infantis e desequilibradas... Vivendo uma imatura fixação em comportamentos que são próprios a uma criança, agindo como a direta consequência de feridas de desafeto e baixa autoestima ainda presentes na construção afetiva de tal coração.

---

[6] Desenvolverei melhor essa ideia no capítulo "Curar a dor de não se sentir amada".

É precisamente na infância que a maioria dos desequilíbrios e feridas emocionais começa, principalmente a partir do relacionamento que cada criança estabelece com seus pais. De maneira especial, a relação que uma menina constrói com seu pai vai interferir diretamente na forma como a futura mulher irá se enxergar e se ofertar, podendo influenciar diretamente os relacionamentos que ela irá estabelecer. Essa é uma realidade que foi evidenciada, com propriedade e clareza, por vários ramos da psicologia.[7]

Quando o pai é presente (ou um homem afetivamente ativo, que realize este papel), como um exemplo positivo de homem que sabe valorizar sua pequena "princesa", isso gera ecos muito saudáveis no interior da mulher que ali está em formação. *A menina que se sentiu amada pelo pai terá muito mais facilidade em se envolver em relacionamentos satisfatórios no futuro. Contudo, "se ela sente que fracassou em 'conquistar' o primeiro 'homem' da sua vida, merecendo seu afeto e atenção, o caminho ficará bem mais difícil posteriormente".[8]*

Hoje até a ciência comprova que a maioria das mulheres acabará reproduzindo em seus relacionamentos futuros os padrões vivenciados em sua experiência com o pai. Elas inconscientemente tenderão a procurar nos homens de quem se aproximarem as realidades que encontraram nos próprios pais.

---

[7] Para saber mais sobre o assunto: http://www.paisefilhos.com.br/pais/tal-pai-tal-namorado-marido/?offset=880 Acesso em 04.01.2017.

[8] Citação retirada da pesquisa: http://www.paisefilhos.com.br/pais/tal-pai-tal-namorado-marido/?offset=880 Acesso em 04.01.2017.

Uma pesquisa publicada na revista *Evolution and Human Behaviour* apontou que as mulheres se sentem atraídas por homens que se parecem até fisicamente com seus pais. Já a Universidade de Chicago fez uma pesquisa em que 49 mulheres cheiraram camisetas de dois voluntários: mesmo sem saber, elas escolheram cheirar a roupa de homens que tinham genes parecidos com os dos pais.[9]

A experiência com o pai é a primeira experiência que uma mulher faz com o universo masculino. Quando ela se sente amada, aceita e protegida por um pai afetivamente ativo, seu coração recebe um satisfatório grau de autoafirmação, que a faz sentir-se valorizada e digna de – futuramente – ter um homem que a trate da mesma forma. Uma mulher que foi uma criança amada pelo pai não aceitará um alguém que não saiba respeitá-la e amá-la como ela compreendeu merecer a partir da experiência que teve com seu pai.

Ao contrário, uma mulher que não foi afetivamente amada e valorizada quando criança, terá uma grande dificuldade de perceber-se digna de um amor ativo e respeitoso, enxergando-se como não merecedora de um relacionamento com alguém que seja valoroso, capaz de protegê-la e, enfim, fazê-la feliz. Quando falta este afeto de base, sobretudo por parte do pai, a mulher em questão terá uma acentuada tendência à insegurança e bai-

---

[9] Dados retirados de uma pesquisa apresentada pelo site: http://www.paisefilhos.com.br/pais/tal-pai-tal-namorado-marido/?offset=880 Acesso em 04.01.2017.

xa-estima, tornando-se facilmente refém de relacionamentos e dependência e apego excessivo.

Tais realidades atingem precisamente a autoestima feminina e o seu senso de autoafirmação.

Quando uma mulher não vive a experiência de ser amada, protegida e elogiada na infância, quando ela percebe que não se sentiu especial nem merecedora de atenção, seu coração crescerá com esse vazio e com essa busca constante do afeto do pai, podendo até sujeitar-se a realidades negativas e autodestrutivas para, inconscientemente, suprir esse vazio que dificilmente poderá ser preenchido por um outro ser humano.

Há inúmeras mulheres que viveram experiências muito difíceis com relação ao pai na infância; há outras que sequer tiveram qualquer ligação com o pai ou com uma figura masculina que concretizasse essa função. Tais realidades, muito possivelmente, deixaram consequências interiores manifestas por intensas distorções na compreensão da figura masculina. Inconscientemente, tal circunstância as levou a buscar evitar um relacionamento intenso com o masculino na fase adulta, gerando em seus corações uma concreta aversão ao universo masculino.

Certa vez conheci uma mulher muito especial e cheia de talentos, mas que tinha uma história triste e marcada por fatos muito dolorosos. Ela foi a última filha de sete irmãos e teve uma péssima experiência com seu pai.

Alcoólatra, violento e extremamente machista, ele batia constantemente em sua mãe, além de sempre humilhar e até espancar a ela e os irmãos. Ele era demasiadamente grosso e estúpido, e não tinha nenhum jeito para lidar com os filhos – sobretudo com as mulheres.

Foram inúmeras as vezes em que ela presenciou seu pai trazer amantes para casa, utilizando até mesmo seu quarto para ali trair sua mãe com outras mulheres (ela via seu pai "na cama" com tais mulheres, e sentia um profundo nojo dele). Constantemente ela via a mãe chorando, triste e humilhada, repetindo para si mesma que não deveria ter se casado. Ela era muito próxima à mãe, e por isso vivenciava todo o sofrimento e dor que o relacionamento com seu pai lhe causara.

Enfim, essa foi a primeira experiência com um homem que nossa protagonista fez em sua vida. Foi uma experiência traumática, que causou inúmeras feridas em sua alma, sufocando sua sensibilidade e fragilizando penosamente sua autopercepção enquanto mulher.

Apesar de ser bonita e muito talentosa, nossa protagonista não conseguia se sentir capaz, digna de ser amada e de receber coisas boas. Mesmo tendo um grande potencial, ela trazia a tendência de se contentar com qualquer coisa – qualquer migalha – que lhe ofereciam. Ela se autossabotava constantemente, por julgar que não era digna de receber mais da vida e das pessoas que dela se aproximavam.

Seu coração não se percebeu valorizado e amado e, por isso, tinha muita dificuldade de se valorizar e se respeitar também. Inúmeras vezes ela exigia de si o que não tinha condições de oferecer a vida e às pessoas, violentando-se em um tóxico processo composto por uma pesada carga de autocobrança e autodepreciação.

Já a partir de sua adolescência, após uma experiência precoce e negativa de namoro, ela – inconscientemente – se decidiu a não viver nenhum relacionamento com homens, e começou a viver uma profunda crise no tocante à sua identidade sexual. Ela estava muito machucada e acreditava que não era capaz de gostar de um homem ou de viver com algum: no fundo sua sensibilidade estava profundamente machucada, o que a fez projetar para todos os homens a experiência terrível que viveu com seu pai. De tal forma ela construiu um verdadeiro "voto íntimo", um verdadeiro bloqueio emocional, que a fez permanecer sempre armada e reticente com relação ao masculino, concebendo qualquer homem que dela se aproximasse como um real inimigo de sua felicidade e realização.

Todavia, o que existia em seu coração não era uma sincera dúvida com relação a sua identidade, e sim uma história traumatizada e profundamente ferida que precisava ser curada e ressignificada pela força do amor.

Passaram-se alguns anos e nossa personagem conseguiu, através de muita luta e esforço pessoal, formar-se em um bom curso. Ela conquistou um bom emprego, comprou seu primeiro carro e colecionou algumas realizações pessoais. Todavia, algo dentro dela não estava bem, visto que sua alma ainda sentia um grande vazio e suas emoções continuavam tristes e fragilizadas.

Ela se sentia muito vazia e percebia que não tinha alegria de viver: dentro dela persistia uma tristeza e melancolia silenciosas, e tanto fazia acordar ou não, existir ou não. Seu coração nunca havia conseguido viver um relacionamento realmente fecundo e satisfatório, e até mesmo suas amizades eram superficiais e não preenchiam sua sede de afeto.

Ela se sentia sozinha e tinha muito medo, seu coração estava sempre "armado" mantendo-se inseguro e na "defensiva" em relação a qualquer pessoa que dela se aproximasse.

Após algumas crises de depressão e alguns surtos fóbicos que sua mente desenvolveu, ela resolveu pedir ajuda e iniciou um processo de restauração emocional. Nossa protagonista viveu um intenso processo de acompanhamento terapêutico e também buscou ajuda espiritual.

Após um período de terapia e de acompanhamento na direção espiritual, ela começou a compreender e perceber as inúmeras feridas que existiam em seu coração, que a roubavam de sua verdadeira essência e sufocavam suas aspirações mais profundas.

Ela iniciou um lindo processo terapêutico, recebendo um importantíssimo acompanhamento em cura interior. Aos poucos essa linda jovem mulher foi se conscientizando de que, ao contemplar o sofrimento de sua mãe diante do pai, seu coração de criança criou um inconsciente "voto íntimo" que a fez trancafiar-se em um invólucro emocional no qual ela decidiu se privar de qualquer experiência com o universo masculino. Ou seja, seu coração havia confessado à sua mente: "Se isso é casar-se e ter um homem, eu não quero isso para mim! Não quero viver assim, estando condenada a sofrer como minha mãe!".

Este verdadeiro voto íntimo foi uma autodeterminação nascida em uma experiência traumática, que a fez mutilar-se em muitas de suas possibilidades (não apenas nos relacionamentos), em virtude do desamor que havia experienciado com aquele que foi o primeiro homem de sua história (seu pai).

Após um tempo neste processo de autoconhecimento e cura emocional, ela percebeu que seu problema não era com os homens, e sim com a figura de seu pai e com as feridas geradas pela forma equivocada com a qual ele interferiu em sua história, a que deixou feridas e traumas singulares dos quais ela sequer tinha consciência e percepção.

Ela não possuía, em sua essência mais genuína, nenhum problema no tocante ao masculino, muito menos com relação à sua identidade. Mas, para rescrever sua autoimagem e viver um processo de autoaceitação e cura afetiva profunda, ela precisaria reconhecer suas feridas, revisitando a criança machucada dentro de si e libertando-a dos votos e crenças limitantes. Só assim ela poderia se abrir a uma nova e profunda experiência com o amor, sobretudo com o amor de Deus Pai, que é o único verdadeiramente capaz de preencher vazios e quebrar algemas.

O primeiro homem de sua vida havia decepcionado muito seu coração, mas sua história não precisava estar condenada a ser triste e limitada em virtude disso. Ela havia, sim, sido fragilizada, e viu-se frustrada quando necessitou sentir-se protegida, admirada e amada, mas esta menina ferida poderia viver um intenso processo de cura, a fim de se tornar uma mulher nova, madura e feliz. Uma mulher livre e confiante, que realiza plenamente todos os seus dons e potencialidades. Essa nova mulher já estava dentro dela, mas precisava somente ser despertada pela força do amor e por um intenso processo de cura emocional.

Ela foi percebendo que sua cura não lhe daria apenas a possibilidade de vir a namorar e/ou se casar com alguém, mas lhe possibilitaria desenvolver dons e belezas que ela jamais soube que moravam em sua alma. *Seu coração começou a perceber que, ao alcançar patamares mais elevados em direção à cura de sua história, ela poderia dar vida a uma mulher linda e fantástica, que já estava presente em si, e que poderia vir à tona com virtudes e potencialidades muito singulares.*

Lindo foi o processo vivido por esse coração que buscou levar muito a sério a dinâmica da cura de sua história, "ajudando" a si mesmo com determinação e empenho (ela fez bem sua parte). Após um intenso período de autodescoberta e de entrega de suas feridas a Deus através da oração, nossa personagem começou a dar passos significativos em sua libertação pessoal, despertando a grande mulher que estava silenciosa e oculta em sua alma.

Aos poucos as peças do "quebra-cabeça" de sua história foram se encaixando e sua alma pôde superar os sofrimentos de sua difícil trajetória, sem se tornar vítima das dores passadas pelo fato de colecionar a dura sentença de repetir os erros daqueles que a precederam. Afinal, se ela não buscasse a devida ajuda para se libertar das consequências do desamor experienciado em sua infância, a amargura e dor de tais fatos continuariam acontecendo dentro dela e influenciando terrivelmente seus resultados e, sobretudo, seus relacionamentos.

Essa forte mulher progrediu em seu caminho de amadurecimento e hoje vive relacionamentos equilibrados e felizes. Ela não é mais refém da depressão, pois encontrou um caminho concreto para sua restauração e para a construção de sua felicidade. Hoje ela sente prazer em viver e em lutar por suas metas. Seu coração aprendeu a se valorizar e a compreender que ele pode ser feliz e alcançar objetivos maravilhosos.

Ela passou a rezar e a viver uma concreta espiritualidade todos os dias, o que a ajudou muitíssimo a administrar-se melhor – emocional e psicologicamente – e dar passos de reconciliação com relação à figura de seu pai.

Atualmente ela vive um namoro muito satisfatório e está se preparando para o casamento. O que a impedia de caminhar na direção de sua realização humana e relacional não era qualquer resolução ou decisão pessoal; antes, eram suas feridas e traumas que estavam – mesmo que inconscientemente – profundamente enraizados em seu interior. Assim que ela os curou, tornou-se capaz de se abrir a relacionamentos fecundos e felizes. Sua alma não foi mais dominada por medos ou inseguranças, e assim seu passado deixou de ser presente e dominar suas ações e reações no hoje. Ela conseguiu libertar-se de dentro para fora, e tornou-se a verdadeira protagonista de sua história.

São muitas as realidades que podem ferir a alma de uma mulher (menina ou adulta), tais como a traição da confiança estabelecida, a falta de cumplicidade, a ausência de apoio emocional, a frieza na vivência dos afetos, os abusos de várias ordens etc.

Continuando o raciocínio apresentado, quero enfatizar algumas feridas nascidas em circunstâncias da infância que podem fragilizar profundamente uma mulher, visto que este é um período crítico justamente por estar em formação a identidade e personalidade feminina.

É na infância que se molda o jeito como uma mulher se enxerga, compreende e se relaciona consigo e com o mundo. Portanto, o que acontece neste período tem um impacto direto sobre o desenvolvimento de toda a personalidade feminina. Por isso, proporemos agora alguns pontos de reflexão acerca de algumas possíveis feridas geradas nesta fase, evidenciando maneiras eficazes para nos conscientizarmos das consequências ardilosas de tais realidades.

Determinados fatos acontecidos em nossa vida pregressa podem influenciar grande parte do que seremos quando adultos. Nosso comportamento emocional e, principalmente, a maneira com que nos relacionamos com outras pessoas, estão bastante ligados à forma como vivemos quando éramos crianças. Lise Bourbeau,[10] autora canadense especialista em comportamento humano, listou algumas feridas emocionais que acontecem na infância e que podem ser mais determinantes nas dificuldades relacionais que as mulheres podem apresentar ao longo da vida.

---

[10] Baseado em uma pesquisa apresentada pelo site: http://www.paisefilhos.com.br/pais/5-feridas-da-infancia-que-continuam-a-nos-machucar-na-fase-adulta/?offset=970 Acesso em 04.01.2017.

Vale ressaltar que isso não é uma regra; cada pessoa é única e pode reagir de maneiras diferentes a uma mesma realidade. Contudo, não podemos negar que existem pontos consensuais nesta direção, que podem nos oferecer alguma segurança para construirmos uma reflexão neste sentido.

Segue, para uma possível autoanálise, cinco fontes de feridas emocionais (segundo a autora citada) que surgem na infância e que podem influenciar o comportamento emocional de uma mulher ao longo de sua via.

O medo de ser abandonada[11]

As crianças têm muito medo da ausência dos pais, o que, para elas, caracteriza o abandono. No início da vida, uma criança não consegue separar a fantasia da realidade e não têm ainda muita noção de tempo; por isso, algumas ausências podem significar para a criança um abandono absoluto – sobretudo para uma menina, que tem uma carga de sensibilidade e uma propensão à fantasia mais acentuadas (consequência de seu natural processo biológico-hormonal). Conforme a menina vai crescendo, ela vai lidando com isso de forma mais tranquila e

---

[11] Parte dos dados que seguem abaixo foram extraídos de uma pesquisa apresentada pelo site *La Mente és Maravillosa*. Acesso em português em 04.01.2017 através do site: http://www.paisefilhos.com.br/pais/5-feridas--da-infancia-que-continuam-a-nos-machucar-na-fase-adulta/?offset=970

percebendo que não é possível ter a presença dos pais o tempo todo, mas que eles sempre voltam ao seu encontro.

Meninas que têm experiências com negligência (ou períodos longos de ausência dos pais) nas primeiras fases da infância podem ter pela vida um constante medo da solidão e da rejeição, toda vez que não estiverem fisicamente perto das pessoas que amam. Elas tenderão a desenvolver um comportamento inseguro e até a se tornarem "grudentas". A raiz profunda de tais comportamentos está na ferida emocional nascida no medo do abandono, que precisará ser curada e superada.

Alguns espaços de solidão são extremamente necessários para entendermos quem somos, e nem sempre as pessoas que amamos estarão fisicamente perto de nós. Será sabedoria de nossa parte saber lidar naturalmente com tais ausências, sem nos sentirmos tristes ou deslocados quando as pessoas que amamos precisarem momentaneamente se ausentar.

A rejeição ou o medo de ser rejeitada

Uma das feridas mais profundas deixadas pela infância em uma menina é a sensação de não ter sido amada ou acolhida pelos pais, ou mesmo pelos amigos na escola. Como as crianças começam a formar sua identidade a partir da maneira como são tratadas e vistas pelos outros (sobretudo pelos pais), elas podem se convencer de que não são merecedoras de afeto e, assim, passam a não se valorizar.

A humilhação

Ninguém gosta de ser criticado. Mas a forma como as críticas são feitas muda tudo. Uma menina (as crianças em geral) quer que os pais a amem e que se sintam orgulhosos dela, por isso nada há de mais destrutivo do que ser chamada constantemente de feia, estúpida, burra, fraca ou qualquer outro termo depreciativo. Quando uma criança comete um erro, sentar, conversar e tentar corrigir – muitas vezes com firmeza – é necessário. Mas dizer palavras para humilhar pode transformá-la em um adulto dependente afetivamente, ou que precisa humilhar as outras pessoas para se sentir bem.

A falta de confiança

Toda promessa feita a uma criança é levada muita a sério por ela.

Promessas não cumpridas geram um sentimento de desconfiança permanente, que vai ser levado para outros relacionamentos, até mesmo os amorosos (sobretudo no caso das meninas).

Meninas que não conseguem confiar nos pais podem se transformar em adultos controladores, mas como nem tudo na vida pode ser controlado, a mulher em questão poderá sentir um constante estresse ou irritação em situações do dia a dia que poderiam ser facilmente resolvidas.

A injustiça

Quando alguém comete uma injustiça conosco, os sentimentos de impotência, raiva e indignação são quase inevitáveis. Uma menina costuma sentir isso principalmente quando os pais são autoritários e/ou frios, ou quando exigem mais do que ela é capaz de dar naquele momento. Isso pode criar um sentimento de impotência e inutilidade que poderá permanecer ao longo da vida. Além disso, a menina pode se tornar um adulto perfeccionista ao extremo, convertendo-se em alguém que não tolera erros seus nem dos outros e que, por isso, age com autoritarismo.

Enfim, essas são algumas observações que podem auxiliar o coração feminino em seu processo de compreender-se e curar sua história. Entretanto, sinalizo que não é possível responder todas as perguntas que possam ter surgido em sua percepção e auto-observação em apenas um capítulo. Seja paciente e perseverante, e prossiga na leitura deste livro. Toda literatura é uma construção e precisa ser edificada tijolo por tijolo.

Tenha paciência e persista neste itinerário aqui apresentado, sabendo que a dúvida de agora poderá ser contemplada nos capítulos posteriores. *Saiba conviver com o sabor de suas perguntas e não tenha medo delas. Elas podem te levar a lugares e reflexões que você sequer imaginava, ampliando sua visão e percepção de si mesma.* Provoco você a prosseguir com esperança este caminho, na certeza de que o amor e as surpresas que nele te esperam são maiores que as dores e feridas possivelmente observadas.

Caminhe com esperança e sobriedade, olhando para si e para sua própria história com atenção, a fim de corretamente se interpretar e assim investir na cura de suas raízes mais profundas, no intuito de se tornar alguém melhor e apta a desenvolver todas as virtudes que descansam em sua alma.

Este caminho de regresso à própria essência é composto por várias etapas e passos. Vale ressaltar que nosso enfoque aqui será sempre positivo: caminhamos para despertar e potencializar as virtudes e riquezas já presentes em seu coração, crendo que quando o bem é alimentado o mal acaba – naturalmente – perdendo a sua força.

Apresentamos neste capítulo algumas possíveis feridas e debilidades que precisarão ser curadas e trabalhadas, compreendendo que, para que um plantio fecundo possa realmente acontecer, é sempre necessário retirar as ervas daninhas e "preparar" bem a terra: somente assim a terra pode produzir seu fruto e a colheita pode se tornar abundante.

Prossigamos confiantemente neste trajeto de cura e descoberta, rumo à realização com o qual a vida deseja brindar cada mulher que deseja realmente descobrir-se o realizar-se no melhor de si.

Um verso

Sem pressa construo um verso.
Cálido, despretensioso, com gosto de fim de tarde.
Com o lúdico toco a alma,
com a incontestada tarefa de retirar o que lá não merece estar.
Nascer é sempre preciso! Mas é preciso coragem...
Uns demoram mais, outros menos... e a vida segue o seu ritmo,
orgulhosa de mostrar-se vencedora e sagaz.
Ah, e se todos soubessem a hora?
E se os ponteiros fossem hoje acertados?
Se a alma reencontrasse a chave para devolver-se a si?
Se...
Sorrisos dançariam largos,
testemunhas da alegria desnudando o coração.
O que feriu não precisa persistir na agenda da mente.
E o bem poderá sempre ser convocado a insinuar-se,
apresentando-se alegremente pela força da palavra certa,
do olhar que eleva,
da sinceridade que enobrece,
da busca que – sem ressalvas –
acaba encontrando.
Em algum momento sua luz precisa brilhar! E, não duvide,
ela já estava aí!
Tome a tocha do tempo em suas mãos
e não receie em acender-se – de dentro para fora.
A vela da alma, após acesa,

não há nada que a possa apagar.
Ela orienta, cura excessos, refaz lembranças e tem gosto de chá...
Que hoje ela persista vaidosa,
iluminando a nova e frutuosa trajetória que,
por hora,
seus pés ousaram trilhar.

Pe. Adriano Zandoná

3. O dom e a arte
de educar

P ROSSEGUINDO NOSSO ITINERÁRIO DE descoberta e poten-
cialização das virtudes presentes na alma de cada mulher,
daremos agora um passo concreto no intuito de sinalizar algumas realidades específicas que se destacam com propriedade
no universo feminino. Neste capítulo abordaremos o dom/
virtude de educar.

É forte na atividade feminina a arte de educar. Mesmo
quando não percebe, a mulher inúmeras vezes está, naturalmente, realizando o ofício de formar e educar as pessoas que
com ela convivem. Através de seus gestos, escolhas e palavras,
o coração feminino realiza o ofício de influenciar quem dele
se aproxima, suscitando neste outro(a) uma reação específica
aos estímulos que ele (o coração) emite.

É latente na mulher uma forte inclinação a educar: fortemente nas mães, obviamente, mas também nas mulheres em
geral. Elas conseguem acessar com mais propriedade a verdade

dos outros corações, preocupando-se mais diretamente com eles. A mulher tem uma maior facilidade para, mais intuitivamente, perceber como estão as pessoas – suas necessidades e dilemas – e direcioná-las para o caminho que elas acreditam ser o certo – a partir de seus valores e compreensão.

Essa é uma realidade que se destaca naturalmente nelas, pois o coração feminino possui uma natural inclinação a formar e ensinar quem com ele divide a vida, a partir das coisas mais simples e práticas. Digo isso com muito respeito e por constatação pessoal, pois mesmo sendo homem, trago em mim os efeitos de tal virtude, uma vez que fui educado por minha mãe e, indiretamente, por minhas duas irmãs (sou o caçula entre elas).

Meu pai precisava viajar muito em virtude de seu trabalho, chegando a ficar várias semanas ausente. Diante disso, minha mãe e minhas irmãs assumiram minha educação, exercendo – mesmo sem se darem conta – a atividade de formar meu coração, comportamento e sensibilidade como homem. *Confesso que elas souberam tirar de mim o melhor (que eu nem sabia que podia dar), fazendo-me externar atitudes e virtudes que eu nem imaginava ter. Com sua feminilidade e sua forma mais afetiva de lidar com as coisas, elas me fizeram muito mais homem e mais consciente do que eu realmente precisava ser dentro de casa.*

Minha mãe foi me ensinando que minhas irmãs eram diferentes de mim, mais sensíveis em alguns aspectos, e que eu precisava compreender essa diferença e as respeitar. Seu materno cuidado me ensinou a ser um verdadeiro homem para elas, exercendo a atenção e o afeto que de mim elas precisavam receber.

Minha mãe também me ensinou que eu não podia "brincar" com elas como eu fazia com meninos na rua... Confesso que eu era um pouco bruto quando criança... kkkk Mas, aos poucos, fui moldando meu ímpeto, força, brincadeiras e palavras, a partir de meu contato com minhas irmãs, para poder com respeito adentrar no universo delas, respeitando-as como mulheres. Mesmo sem perceber, eu fui muito formado e moldado por minhas irmãs; elas me ensinaram muitos valores positivos e me fizeram ser um homem muito melhor.

Meu pai era muito firme e me transmitiu toda a têmpera e resiliência que eu precisava ter. Ele me ensinou a trabalhar duro desde cedo, e me conduziu a enfrentar a vida com honestidade, firmeza e coragem – valores que foram importantíssimos na edificação do meu caráter. Considero-me também privilegiado por ter convivido tanto com minha mãe, irmãs e primas (tive muitas primas e pouquíssimos primos), pois elas souberam naturalmente estimular em mim atitudes e posturas muito positivas, que apenas o contato com o feminino poderia me acrescentar.

Essa experiência contribuiu diretamente para que eu me tornasse alguém mais humano, atencioso e afetivamente conectado. Com essas mulheres de minha vida aprendi a me conectar melhor comigo meu mesmo em meu universo emocional, sendo mais honesto e verdadeiro com meus sentimentos. Elas também me ensinaram a ser mais flexível e menos racional (o que me trouxe muito equilíbrio), na hora de ponderar e decidir sobre as mais variadas questões.

Tal contato também me possibilitou compreender com mais propriedade o universo feminino, assimilando mais facilmente os dons e os desafios inerentes a cada mulher. Por isso posso dizer que tenho, hoje, a possibilidade de melhor compreender as mulheres, podendo interpretá-las e orientá-las com mais empatia e precisão, o que me é muito útil em minha atuação como padre, que acaba sendo um verdadeiro médico de almas.

Em uma mulher, a arte de educar é intensa e latente, sobretudo no tocante ao relacionamento com o masculino. Uma mulher está sempre formando um homem e extraindo dele posturas que não sairiam naturalmente, mesmo quando ela não percebe isso. O feminino é capaz de retirar do masculino coisas que ele nem sabia que poderia oferecer ao mundo, fazendo-o enxergar a vida sob uma ótica mais completa e menos superficial.

A partir do contato com uma mulher, o homem é provocado a perceber a sadia diferença que configura cada universo, sendo acrescentado em coisas que apenas o olhar feminino pode lhe conferir. *A sensibilidade feminina leva o homem a melhor compreender a fragilidade presente em si e nos outros, educando-o para ser mais humano e conectado às necessidades alheias.*

Entretanto, essa arte de educar em uma mulher não existe apenas em uma dimensão externa, na tarefa de formar um homem, por exemplo. Desde a mais tenra idade, toda mulher precisará exercer este fino magistério consigo mesma, enfrentando as muitas transformações e nuances das quais seu corpo é depositário. Diferentemente dos homens, que não sofrem grandes alterações hormonais ao longo da vida, as mulheres enfrentam mudanças biológicas drásticas com o passar dos anos (como você, querida leitora, bem sabe), o que, inevitavelmente, impacta sua forma de lidar com a família, consigo mesma e com a vida em geral.

Desde menina, toda mulher será desafiada a constantemente educar-se, aprendendo a ter paciência consigo mesma diante de suas transformações e suportando a dor (muitas vezes, até física) presente em algumas alterações biológico-hormonais, como uma menstruação ou – futuramente – em uma gestação, por exemplo. Tais realidades lhe ensinam a lidar com a dor e com a fragilidade, acrescentando-lhe uma maior maturidade e conferindo ao seu coração uma forma mais profunda de enxergar os desafios da vida e a realidade das pessoas que a cercam.

O sofrimento e as transformações com os quais toda mulher vai se habituando realizam o ofício de amadurecer sua forma de perceber a existência, podendo torná-la menos inconsequente e egoísta diante da vida. *Essas e outras peculiaridades presentes no universo feminino sinalizam que, em cada mulher, existe uma pedagogia natural que a educa para educar, e que a forma para formar.* Sua constituição emocional, um tanto mais relacional e conectada afetivamente, também a ajuda a estabelecer vínculos mais consistentes e mais capazes de impactar diretamente as pessoas com quem se relaciona.

Ratifico que em tudo isso expresso uma compreensão muito natural e formada por consensos que a própria ciência já reconheceu. É claro que cada mulher é única e pode reagir de forma peculiar e/ou diferente em cada situação. Por isso, não desejo que todas se sintam obrigadas a se encaixar totalmente em todos os aspectos ou detalhes aqui descritos. A partir de estudo e observação, reconheço que aqui apresentamos um consenso geral – também com fundamentos na observação de algumas linhas da psicologia e da ciência, o que nos faz caminhar com alguma segurança acerca das compreensões aqui apresentadas.

Prossigamos nossa reflexão.

A Sagrada Escritura também sinaliza, a partir do exemplo de Maria e de muitas outras mulheres presentes em suas tramas e histórias, que cada mulher recebeu de Deus o dom e a missão de educar, de formar a si e aos outros extraindo sempre o melhor que há dentro de cada um(a). E este não é de forma alguma um papel passivo ou secundário, mas uma verdadeira arte extremamente necessária para que a humanidade "continue humana", uma arte que exige destreza, doação, empenho e sabedoria.

Parece que persiste em cada mulher uma espécie de comunicação silenciosa, capaz de estabelecer intensos vínculos com aqueles(as) que lhe foram confiados – em especial – com os(as) filhos(as) e demais familiares, envolvendo-os(as) – e formando-os(as) – a partir de laços de vida e intimidade.

Essa constatação não diminui a importância do papel dos homens – em especial, do pai – no processo de educar; ele também possui um papel essencial nesta demanda. Facilmente se constata que o homem acaba educando por um outro viés, a partir de sua forma de ser e das atribuições que lhe são próprias. Na mulher, essa dimensão formativo/educativa é extremamente latente sobre os outros aspectos, já que ela é mais afetiva e intuitiva, e por isso percebe no outro necessidades e lacunas que um homem não iria facilmente perceber. Um homem pode até desenvolver essa percepção, mas ele precisa ser estimulado para isso, uma vez que nele tal realidade não acontece de forma tão natural.

Na mulher, essa inclinação natural para educar se estabelece como uma bússola que a orienta para um lugar no qual ela foi feita para estar. Ela possui uma autoridade afetiva e por isso influencia mais; isso talvez sinalize que ela foi feita para, de alguma forma, formar e educar aqueles que com ela dividem a vida, preenchendo neles uma lacuna natural.

O papel do homem é muito importante na tarefa de educar e tem a sua dimensão específica na dinâmica formativa de um ser humano. Contudo, muito da dimensão moral, relacional e espiritual quem comunica é a mulher/mãe. O próprio Jesus foi educado por Maria no tocante a essas realidades, e foi com ela que – como consta na tradição cristã – Ele aprendeu a rezar, a se relacionar com as pessoas e a sentir a vida.

A virtude de educar é sempre presente na alma feminina, mesmo quando a mulher não se dá conta disso. Porém, como acontece com qualquer outra virtude, esse dom precisará ser constantemente estimulado, alimentado e lapidado, a fim de que possa crescer e produzir inúmeros frutos.

Toda mulher é por natureza uma educadora... Mas ela sempre poderá, a partir do mistério de sua humana liberdade, utilizar este dom tanto para o bem como para o mal. Tudo dependerá da

*intenção de seu coração e da sabedoria de suas atitudes; afinal, a
planta que mais cresce é sempre aquela que regamos e cultivamos.*

Se a mulher decidir usar sua autoridade afetiva de influenciar educando para o bem, formando para a virtude os seres
humanos que com ela convivem, os frutos com certeza serão
maravilhosos. Mas se ela decidir educar para o mal, poderá –
também com muita eficácia – deformar e causar estragos muito
significativos nas pessoas que com ela convivem.

O coração feminino exerce uma grande influência – direta
ou indireta – sobre as as pessoas e realidades presentes no mundo.
Tanto que São João Paulo II, refletindo sobre as particularidades
da missão da mulher, afirmou:

> (...) a mulher possui no mundo uma influência, um alcance e um
> poder altíssimos. Por isso, no momento em que a humanidade co-
> nhece mudanças tão profundas, as mulheres iluminadas por Deus
> muito podem ajudar para que a humanidade não decaia e reencontre
> o caminho certo.[12]

Como bem reconheceu o saudoso pontífice, a mulher
possui um grande poder para inspirar – e/ou até persuadir – os
corações, e quando tal dom é utilizado de forma sábia e inteligente, resultados admiráveis poderão ser colocados à disposição
da humanidade. Quando uma mulher influencia e educa para
o bem, pela força de seus exemplos e palavras, até mesmo as
gerações futuras se beneficiam grandemente com tal realidade.

---

[12] Carta Apostólica *Mulieris Dignitatem*, sobre a dignidade e a vocação da
mulher, n. 1.

Ao contrário, quando um coração feminino decide educar para o mal, seduzindo e manipulando ao invés de realmente formar, os efeitos são desastrosos e muitos acabam sendo prejudicados – sobretudo a mulher que assim age. Quando uma mulher decide "deseducar" através de uma desordeira sedução, ou através da malícia e de mentiras, ela acaba se tornando um grande instrumento de queda e degradação, ao invés de formar, retirando do(a) outro(a) o que ele(a) tem de melhor.

A Sagrada Escritura sinaliza isso no livro de Provérbios, afirmando que "uma mulher realmente sábia edifica a sua casa, enquanto a insensata derruba-a com as suas próprias mãos".[13] Essa sabedoria a que a citação se refere consiste justamente na arte de educar para o bem, influenciando positivamente e ensinando o caminho mais exitoso, o qual nem sempre será o mais fácil.

Quando há uma mulher sábia em determinada casa, tal família raramente virá a ruir por completo, pois sua presença e estímulo são uma concreta "liga" capaz de amalgamar e manter unidas as pessoas, que muitas vezes são muito diferentes, mas que precisam viver o lindo desafio de viver em comum e ser família.

A sabedoria de uma mulher fortalece os laços familiares e impede a fragmentação dos relacionamentos; ela – quando age com sabedoria – fortalece o que une e não enfatiza unicamente o que é negativo e destrói a comunhão. Ela constrói pontes, não muros. Tal coração busca envolver os que com ela convivem, transformando uma simples casa em um verdadeiro lar, gra-

---

[13] Pr 14,1.

dativamente estimulando pessoas que apenas moram juntas a construírem-se uma comunhão que os faz família.

É claro que essa não é uma tarefa apenas da mulher, e tanto o marido como os outros membros da família deverão também se empenhar. No entanto, é facilmente observável que na mulher existe uma sensibilidade maior neste ponto, e que ela consegue ter mais eficácia na missão de amalgamar e ligar pessoas diferentes, educando-as para viverem como uma família.

Uma mulher sábia, como expressou a citação anteriormente expressa, empenha-se para criar esse ambiente de comunhão e reciprocidade dentro de casa, realidade extremamente necessária para que o amor possa crescer e se solidificar. *Tal mulher sabe que o "clima de lar e de família" não preexiste, mas que é uma tarefa a ser construída no dia a dia.*

Um coração repleto dessa sabedoria se empenha para acompanhar, ouvir, estimular e corrigir os seus. Ele não é passivo, mas ativo, e prefere errar se arriscando e tentando, em vez de ficar acomodado e desistir por medo de se expor ou de errar. Essa mulher não é – obviamente – perfeita nem acerta em tudo, mas luta para sempre progredir e aprender com os próprios erros e inexperiências. Assim, ela vai educando a si mesma, através de suas tentativas e experiências, e, consequentemente, pode realizar o ofício de educar e formar outros corações.

Tal alma compreende também que construir a família não é tarefa somente sua, a ser assumida de forma unilateral. Ao contrário, sua sabedoria se manifestará na atitude de buscar estimular e envolver os membros de sua casa a gradativamente assumirem suas responsabilidades na dinâmica familiar. Uma mulher sábia compreende que não tem de resolver tudo sozinha, e por isso luta para não ser autossuficiente e controladora, buscando influenciar a todos para bem exercerem suas funções e assumirem suas tarefas no universo familiar.

Tal mulher procura se impor por seu caráter, não pelas partes de seu corpo que expõe para os outros, em uma insensata sensualidade. Ela desenvolve a virtude de influenciar sem sensualizar, muito menos brigando ou gritando, mas procura trazer à tona os dons que já estão em seu coração, e que podem beneficiar muito a todos.

Ela procura ser feminina sem ser vulgar e procura encantar por suas escolhas e palavras refletidas, sendo um verdadeiro oásis de carinho em meio a um mundo tão marcado pela angústia, ganância e competição. Como o mundo precisa de mulheres assim, que não confundam feminilidade com sedução, nem beleza com malícia!

Saiba que esses belos dons e essa sabedoria para educar já estão – de alguma forma – dentro de você, e que mesmo diante de suas fragilidades e imperfeições você poderá descobrir e desenvolver tais realidades, aprendendo com suas experiências e tornando-se uma pessoa mais completa e cada vez melhor.

Toda mulher tem o poder de, com suas escolhas e influência, ser sempre uma porta, tanto para o bem como para o mal.

A Sagrada Escritura enfatiza tal realidade quando apresenta a história da "queda original", que gerou terríveis consequências para toda humanidade. Tal circunstância só pôde acontecer através da intervenção direta – uma má escolha – de uma mulher, Eva,[14] a esposa de Adão. Já o Novo Testamento apresenta a história da salvação da humanidade, que também se deu através do protagonismo de uma mulher, Maria.[15] Tal trama iniciou-se com a encarnação e nascimento de Jesus, o que só aconteceu a partir da resposta positiva de Maria, através da qual ela se tornou a mãe de Jesus.

Em ambos os casos, a perdição ou a salvação (e a derradeira história que as sucedeu) começaram a partir da escolha de uma mulher, que foi a porta através da qual ambas as realidades atingiram a História.

Apesar da humana inclinação à sedução e ao mal que existe em qualquer pessoa (a humana concupiscência), toda mulher tem possibilidade de escolher o bem – lutando por isso – a fim de educar e influenciar positivamente sua família e contexto específico. Ela pode alcançar frutos fantásticos se souber utilizar bem a arte de educar e influenciar que está presente em seu ser. Tudo dependerá da escolha que seu coração fará perante sua própria história.

De fato, uma mulher tem a concreta possibilidade de influenciar, abrindo portas para muitas realidades na vida daqueles(as) que vivem ao seu lado. Partilho que percebo claramente, hoje como adulto, os efeitos da educação e da influência que recebi de minha mãe: preceitos internalizados em minha mente e coração que orientam muitas de minhas escolhas e comportamentos até hoje, ainda que inconscientemente. É inegável que

---

[14] Cf. Gn 3,1-24.

[15] Cf. Lc 1,26-38.

ela me formou profundamente, e os ecos da educação que ela ofereceu persistem em mim de maneira muito forte e natural.

Minhas irmãs, que praticamente cresceram comigo (nossa diferença de idade é pequena), também me formaram e educaram em muitos aspectos. Simplesmente pelo fato de serem mulheres, diferentes de mim, e terem uma sensibilidade mais acentuada, elas me ensinaram a perceber a vida sob outra perspectiva, tornando-me mais ligado a questões essenciais para mim e minha família, as quais, infelizmente, eu não conseguia identificar.

Educar é promover o crescimento e o amadurecimento da pessoa em várias dimensões. É ensinar a repartir, a escutar, a lidar com o dinheiro, a cuidar das coisas e das pessoas. Muito disso eu pude aprender, desde criança, com minha mãe e minhas irmãs.

É fato que a educação não pode ser esperada apenas da escola, visto que ela não é – nem de longe – a única instância que deve educar. Às vezes se ouve alguém dizer: "Ele não tem estudo, mas é muito educado". Não adianta ser doutor e não saber tratar os outros como gente, não saber cumprir com a palavra dada, não saber se comportar bem, trair a esposa e os filhos, não ser honesto etc. Sem dúvida, a educação é a melhor herança que uma família pode deixar para alguém – isso não se pode roubar nem destruir.

É pela educação que o ser humano conquista e desenvolve suas habilidades; a dinâmica da vida desejou que isso fosse feito antes de tudo pelos pais e, de modo especial, pela mãe. Hoje, quando muitas mães são obrigadas a criar sozinhas os seus filhos(as) – muitos(as) que vivem como "órfãos de pais vivos" – essa missão se torna mais importante e árdua. Nesse caso, o papel materno na missão de educar tem sua importância ampliada, porque a mãe precisa desempenhar o papel do pai e o dela mesma, o que é desafiador e exigirá uma constante atenção/doação.

Independentemente do contexto, educar será sempre desafiante e dará "trabalho". Todavia, quando tal função não é exercida, o trabalho se torna ainda maior posteriormente, e as consequências se mostram profundamente negativas no futuro.

Educar é colaborar com Deus para tornar o mundo um lugar melhor. Será apenas através da educação que as estruturas mais tristes e desafiadoras deste mundo poderão ser transformadas e tornadas melhores.

Rubem Alves afirmou que

> a primeira tarefa da educação é ensinar a enxergar, a ver com clareza (…), porque os olhos – a forma como vemos o mundo – precisam ser atentamente educados e estimulados, para que nossa alegria aumente![16]

Felizes as mulheres que descobriram que trazem em si o dom de iluminar as almas humanas, contribuindo para que elas vejam, enxergando o mundo sob a ótica da beleza e da esperança. Cada mulher carrega em seu interior a fineza e a firmeza capazes de retirar o véu que encobre a visão do coração,

---

[16] https://psicologiaacessivel.net/2015/07/15/a-arte-de-educar-um-lindo-texto-de-rubem-alves/ Acesso em 05.01.2017.

fazendo-o enxergar a si e a cada pessoa com a dignidade e a beleza que lhe são próprias.

Grande é o "poder" presente em cada mulher para influenciar e educar positiva ou negativamente; tal virtude é realidade no coração feminino. Saiba que suas escolhas e seu jeito de lidar com a vida já estão influenciando sua família e as pessoas que convivem com você, mesmo que você não perceba. Por isso, é extremamente importante que seu coração se conscientize de tal circunstância, enxergando-a não como um peso, mas como um lindo dom e uma belíssima missão.

Que sua alma caminhe decididamente na direção de se tornar uma mulher sábia que educa para o bem, edificando com êxito sua casa e seu próprio coração. Saiba que isso é possível e passível de ser alcançado e construído por seu coração.

Não se esqueça de que escolhas são sementes, e que aquilo que você escolhe e a forma como lida com as pessoas e consigo mesma no hoje se tornarão sua colheita de amanhã. Por isso, antes de agir e escolher os rumos de sua história, saiba parar, refletir e rezar, escutando sua alma e compreendendo o que seu coração realmente pede em cada circunstância. Assim, suas ações serão muito mais exitosas, e os frutos que você colherá ao longo do caminho serão satisfatórios e saborosos, e acrescentarão vida e alegria à sua alma.

Encerro este capítulo prosseguindo com a reflexão proposta por Rubem Alves, que nos faz entender que a alma feminina pode transbordar os requisitos necessários para realizar a linda e desafiadora missão de educar, ensinando o ser humano a perceber o mundo com os olhos curados e cheios de benevolência.

> As palavras e atitudes com as quais educamos alguém só têm sentido se nos ajudam a ver o mundo e as pessoas de forma melhor (...). Há muitas pessoas de visão perfeita que nada veem... O ato de ver não é coisa natural. Ele precisa ser aprendido, estimulado e ensinado.[17]

Benditas as mulheres – mães, irmãs, amigas, esposas – que nos ensinam a ver melhor, com mais profundidade, maturidade e beleza, pelo dom e a arte de educar presentes em seu coração. Que a vida as multiplique entre nós, e que elas possam colher maravilhosos frutos de realização e paz, e prossigam tornando nossa terra um lugar melhor!

Encerremos este capítulo fazendo juntos a seguinte oração:

Senhor, agradeço-Te por ter me criado assim, com tantos dons e belezas em meu coração!

Obrigada porque quiseste contar comigo na missão de formar homens e mulheres novos, edificando as pessoas com a arte de afetivamente influenciar, virtude já presente em meu coração.

Peço que o Senhor me dê sabedoria e que me ensine a bem desenvolver o dom de educar, a fim de que eu me torne uma mulher que realmente faz diferença neste mundo.

---

[17] https://psicologiaacessivel.net/2015/07/15/a-arte-de-educar-um-lindo-texto-de-rubem-alves/ Acesso em 05.01.2017.

Retira de mim os excessos e ensina-me a ser feminina na medida certa, sem desequilíbrios ou vulgaridades.

Dai-me a graça de saber compreender o meu valor e missão, e que eu consiga enxergar minhas verdadeiras belezas.

Ensina-me a ensinar aqueles(as) que o Senhor me confiou a descobrirem-se também.

Faz de mim um instrumento eficaz em Tuas mãos, e capacita-me a educar para o bem, retirando o melhor das pessoas com quem convivo.

Liberta-me de toda a ansiedade e cura-me das carências e inseguranças.

Faz-me serena e centrada, Senhor, e dai-me equilíbrio em todas as áreas do meu ser.

Que eu saiba mergulhar em Ti minhas feridas e insatisfações, e que eu não me permita amargar pelos sofrimentos da vida.

Ensina-me a falar e a silenciar na hora certa.

Que minhas palavras sejam sábias e formem as pessoas para a maturidade.

Ensina-me a aprender com meus erros, e a ter paciência comigo mesma também.

Faz-me uma porta para o bem, para uma educação que redime e traz paz às pessoas.

Que eu não seja refém da inconstância e imaturidade, mas que minha palavra e meu silêncio possam educar, edificando com êxito os seres humanos que o Senhor me confiou.

Sei que não estou sozinha na realização desta linda missão, e que o Senhor me ama e me sustenta em tudo. Eu confio em Ti e agradeço por Teu cuidado e amparo em minha vida.

Assumo hoje a virtude e dom de educar que o Senhor me deu. Quero sempre influenciar positivamente, e quero — contigo — ser sempre uma porta aberta para o bem.

Amém.

4. A dinamicidade feminina

Prossigamos nosso caminho de reflexão sobre virtudes muito peculiares presentes no coração de cada mulher. Neste ponto falaremos sobre a natural propensão ao dinamismo e à multifuncionalidade, presente na grande maioria dos corações femininos.

Quem já não ouviu o ditado (ainda que, como uma brincadeira): "Uma mulher faz várias coisas ao mesmo tempo: passa roupa, faz almoço, fala ao telefone e cuida da criança... O homem, por sua vez, consegue fazer apenas uma coisa de cada vez!". Pode até parecer cômico, mas essa usual expressão comunica uma verdade – até sob o ponto de vista psíquico – a respeito das diferenças entre o masculino e o feminino.

Não que não existam homens que sejam muito dinâmicos e mulheres que sejam mais limitadas neste aspecto – sabemos que não funciona assim, nem busco com essa minha proposta definir pessoas a partir de algumas características e percepções.

Mas, como já afirmamos, não há como negar que existem realidades que expressam um consenso geral – sob o ponto de vista comportamental e psíquico – sobre determinados assuntos, as quais podem, com muito respeito às peculiaridades de cada pessoa, nos iluminar na tarefa de compreender como funciona o tecido afetivo, psíquico e emocional que compõe cada mulher.

A mulher, por sua própria constituição, acaba encontrando uma maior facilidade para se conectar com várias realidades ao mesmo tempo: ela naturalmente mostra uma maior facilidade em gerir, de forma dinâmica, várias tarefas e assuntos simultaneamente. Ela consegue, na grande maioria das circunstâncias, se equilibrar bem em meio às muitas tarefas da vida cotidiana. Já o homem, na grande maioria das ocasiões, mostra-se bem mais limitado em relação a isso, encontrando uma maior dificuldade de realizar várias coisas e conversar sobre vários assuntos ao mesmo tempo.

Segundo o Dr. Joel Rennó Jr.,[18] diretor do Programa de Saúde Mental da Mulher do Instituto de Psiquiatria da USP (IPq-USP) e coordenador da Comissão de Estudos e Pesquisa da Saúde Mental da Mulher da Associação Brasileira de Psiquiatria (ABP), existem diferenças muito específicas nos cérebros masculino e feminino, o que acaba ocasionando reações e percepções diferentes de ambos os lados:

---

[18] PhD em Ciências, professor colaborador médico do Departamento de Psiquiatria da FMUSP. É médico do Corpo Clínico do Hospital Israelita Albert Einstein em São Paulo/SP.

Sabemos que grande parte dessas diferenças decorre da exposição diferenciada do cérebro feminino ao hormônio estrogênio, já no intraútero, na gestação. O cérebro feminino vai se moldando e se desenvolvendo de uma forma distinta ao masculino já na gestação.

Imagens da ressonância magnética funcional realizadas por neurocientistas apontam, entre inúmeras outras diferenças, que o cérebro das mulheres é aproximadamente 10% menor que o dos homens, porém, possui maior número de conexões entre as células nervosas. O corpo caloso que faz a comunicação entre os hemisférios cerebrais direito e esquerdo é mais desenvolvido nas mulheres. Isso leva a uma melhor integração de diferentes estímulos entre os dois lados do cérebro feminino. Geralmente, é por isso que as mulheres fazem várias tarefas simultâneas como cozinhar, ler, cuidar da casa e dos filhos ao mesmo tempo, de forma mais eficiente que os homens.[19]

Como a própria ciência já atestou, a mulher tem uma inclinação natural ao dinamismo. Ela, em inúmeras circunstâncias, revela um maior desejo dinâmico de viver "novos ares", seja mudando as coisas em casa (trocando os móveis, pintando as paredes etc.), seja mudando a cor do cabelo e das unhas ou, ainda, indo a lugares diferentes etc. Justamente por ter uma maior propensão à criatividade e à imaginação, a mulher – por vezes – sentirá uma maior necessidade de se desconectar da mesmice para viver coisas novas, ou, ainda, para viver as mesmas coisas de forma diferente.

---

[19] Pesquisa presente em: http://emais.estadao.com.br/blogs/joel-renno/diferencas-cerebrais-entre-homens-e-mulheres-justificam-habilidades-e-comportamentos-distintos Acesso 12.04.17.

O homem acaba tendo uma maior tendência – não generalizando, é claro – a ser mais estático e, algumas vezes, até acomodado. Há quem diga que, tendo comida e televisão em casa, dificilmente um homem se sentirá angustiado ou reclamará. Tenho um amigo muito bem-humorado que sempre diz à esposa: "As mulheres são dotadas de um sistema de aborrecimento muito avançado, que detesta mesmice e repetições. Elas não suportam o jeito, muitas vezes, 'tranquilo' e estático dos homens".

A mulher é mais dinâmica por natureza. Este é um dom que habita sua alma e coração. Contudo, mesmo com toda essa força e capacidade dinâmica, as mulheres atuais têm sofrido diante das inúmeras demandas que nosso tempo tem lhes apresentado, sendo que em inúmeras circunstâncias são extremamente exigidas e, em outras, até forçadas a se equilibrar em meio a um número infinito de tarefas.

As mudanças em nossa sociedade trouxeram novas exigências a todos na família, tornando mais onerosos – sob vários aspectos – todos os papéis no universo familiar. Com o ingresso da mulher no mercado de trabalho, sua exigência de multifuncionalidade quintuplicou, e o homem também precisou tornar-se mais atuante e presente nas realidades que envolvem a família. Tudo isso acrescentou transformações muito bonitas, justas e extremamente necessárias, mas também trouxe à tona novas perguntas e exigências junto com a necessidade de uma maior sabedoria para se equilibrar em meio a esses novos cenários.

Justamente por ter a possibilidade de conceber e gestar uma outra vida, ter uma grande ligação afetiva com o(a) filho(a), e ter uma maior facilidade para perceber os ambientes e detalhes (da casa, da família etc.) a mulher acaba se exigindo mais diante das demandas familiares e, em muitas ocasiões, precisará buscar um jeito saudável de conseguir administrar-se bem em meio às muitas tarefas e exigências impostas a ela.

Por mais que se queira provar o contrário, é perceptível que a vontade de cuidar, de tornar uma casa um ambiente agradável, o desejo de conceber e ter filhos(as) continua existindo na mente de muitíssimas mulheres. Contudo, não é difícil perceber (sobretudo por minha experiência como padre, que escuta muitas mulheres constantemente) que a mulher atual, em inúmeros contextos, acaba sentindo-se sobrecarregada e "sugada" em meio aos muitos afazeres, cobranças e funções, e em virtude disso vê-se conduzida a enterrar muitos de seus sonhos e genuínas aspirações.

Cada vez mais, as mulheres possuem responsabilidades e apresentam sintomas de estresse pelo acúmulo de muitas tarefas diárias: casa, trabalho, academia, filhos, esposo, animais de estimação, salão de beleza... quantas coisas para fazer! Mas, como já refletimos aqui: *Como ser uma profissional competente, uma filha ordeira e atenciosa, uma esposa presente e amável, uma boa mãe, sempre lutando pelos próprios sonhos e metas... tudo isso sem deixar de ser feminina e cuidar de si, sendo forte e sensível ao mesmo tempo? Como se equilibrar em meio a tudo isso?*

Segundo a psicóloga Mara Lúcia Madureira,[20] o estresse que muitas mulheres têm sentido é geralmente causado por três fatores básicos: vulnerabilidade orgânica, aumento das cobranças externas e/ou internas e, sobretudo, *a falta de estratégias adequadas para lidar com as tarefas e demandas atuais administrando o próprio tempo de forma satisfatória.* Eu gostaria de refletir agora sobre este último aspecto apresentado pela profissional.

Existem algumas dicas muito práticas que podem ajudar o coração feminino a descobrir melhores caminhos para lidar de forma inteligente com as tarefas e exigências cotidianas, sem asfixiar-se pela culpa nem violentar os próprios limites físicos e emocionais. Seguem, a título de introdução, quatro dessas dicas que podem fazer parte de sua estratégia cotidiana, a fim de ajudar seu coração a não cair no "colo da mesmice e do estresse", conseguindo melhor se equilibrar em meio às demandas de cada dia.

Reveja suas prioridades

Elimine de sua agenda circunstâncias e compromissos que não estejam verdadeiramente sintonizados com você e suas reais prioridades. Faça o que você realmente precisa fazer, e não acumule tarefas que você não precisa necessariamente executar.

---

[20] Essa afirmação e os dados abaixo se baseiam em uma pesquisa feita no site: http://www.diariodaregiao.com.br/vidaeestilo/acúmulo-de-tarefas-leva-as-mulheres-ao-limite-das-emoções-1.190943 Acesso em 12.01.2017.

Seja seletiva e separe todos os dias as atividades que precisam mesmo ser realizadas naquele dia; não perca tempo com realidades que não sejam importantes e essenciais.

Invista em passatempos e projetos prazerosos

As compulsões alimentares e por compras, assim como vários vícios, são válvulas de escape diante de rotinas desagradáveis e estressantes. Com quanto mais leveza e inteligência você conseguir gerir seu dia, menos vícios e compulsões você desenvolverá; por isso tente – à medida de seu possível – investir em passatempos prazerosos e não prejudiciais (filmes, leituras etc.), para manter em dia a sua higiene mental. Mesmo que seu tempo seja reduzido, invista em tal realidade e busque separar em seu dia um momento para isso.

Essa higiene mental e emocional é essencial para nos equilibrar no dia a dia, redundando em inúmeros benefícios para a organização de nossa vida e para nossa saúde.

Delegue responsabilidades a quem for de direito

Busque não centralizar ou controlar as obrigações de seu marido, filhos(as) ou namorado. Eles precisam ser estimulados a desenvolver a devida responsabilidade para cuidar de suas coisas, tais como a própria higiene pessoal, seus compromissos pessoais e sua alimentação (exceto no caso de filhos(as) muito pequenos e/ou dependentes por algum motivo).

Seus filhos(as) e quem convive com você devem ser estimulados à autonomia, não a uma dependência que sobrecarregue você. Seus filhos(as) precisam aprender a se organizar, em vez de vê-la como uma "eterna prestadora de serviços": é preciso cultivar a maturidade de compreender que nosso cuidado não pode "estragar" nem acomodar os outros, sobrecarregando com isso a nós mesmos.

Ajude seus filhos(as) a criar uma agenda de tarefas diárias e os(as) estimule a uma saudável autonomia. Assim, você não precisará sempre fazer e resolver tudo, podendo liberar seu tempo para viver com eles e não em função deles.

Tenha metas possíveis, que te retirem das garras da rotina

Planeje viagens, desenvolva uma habilidade nova (como tocar um instrumento musical), enfim, faça coisas que te retirem da monotonia e te conectem a outras esferas da vida. Isso te ajudará muito e dará ainda mais gás à sua virtude natural da dinamicidade, conferindo-lhe mais serenidade e equilíbrio para enfrentar as responsabilidades de cada dia.

* * *

Essas são dicas objetivas e práticas que podem ajudá-la a fazer uma autoanálise e a perceber como hoje está a sua organização pessoal, para assim poder reavaliar o exercício de sua capacidade de ser dinâmica. Deste modo, seu coração poderá identificar, com mais facilidade, como você tem conseguido se equilibrar em meio às demandas presentes em sua vida.

Sem qualquer dúvida, uma realidade que pode diretamente nos ajudar a ter foco no essencial e a viver com cada vez mais leveza e sabedoria, é uma criteriosa e inteligente administração do tempo. *Se você se organiza, o seu tempo rende mais e seus resultados passam a ser muito melhores. Pois é fato que, em inúmeras circunstâncias, o estresse e cansaço acabam sendo muito mais fruto da desorganização e da má gerência do tempo do que do excesso de atividades em si.*

Frases do tipo: "Não tenho tempo para nada"; "Não posso ir ao cinema porque tenho que arrumar a casa"; "Minha vida é um caos" são comuns entre algumas mulheres contemporâneas. E isso, muitas vezes, é uma concreta realidade.

O dia tem 24 horas, e isso muitas vezes torna-se insuficiente para dar conta de todos os afazeres que a mulher atualmente acumula. Para conseguir dar conta da casa, do trabalho, do casamento, dos filhos e ainda ter tempo para praticar *hobbies* e se divertir, toda mulher precisará – inevitavelmente – aprender a se organizar bem, revisitando atividades e fazendo o que realmente importa. Como dizia um grande amigo de infância: "A organização é o princípio da eficácia!". Acrescento que, sem disciplina e organização, nossas habilidades se perdem, e o fruto de nossos esforços tende a não prevalecer. Se falta organização e uma habilidade inteligente para lidar com o tempo, até a belíssima virtude da dinamicidade feminina acaba sufocada e não potencializada na mulher em questão.

Isso vale principalmente para mulheres que trabalham em empregos exigentes e que precisam se organizar sadiamente entre as exigências do trabalho e da família, ou para aquelas que realizam o ofício de trabalhar em casa (fazendo *home office*, por exemplo). Para mulheres com esse perfil, essa disciplina e organização serão extremamente necessárias, a fim de que a preciosa capacidade dinâmica não seja desperdiçada, e o estresse e a procrastinação não esgotem as possibilidades de tais corações.

Existem vários métodos que propõem meios para a construção de listas de tarefas, cuja finalidade é conferir celeridade e uma maior organização diante das tarefas diárias. Essas são ferramentas inteligentes e práticas, que muito podem contribuir para um maior aproveitamento na gestão do tempo. Dentre os inúmeros métodos que poderiam aqui ser evidenciados, atrevo-me a apresentar um que tem apresentado resultados muito significativos. É o método GTD (*Getting Things Done*, ou "fazendo as coisas acontecerem"), que ajuda a pessoa em questão a cotidianamente organizar uma lista de tarefas, obtendo mais eficácia na realização de suas atividades.

Este é um método de organização e produtividade pessoal, cujo objetivo principal é "esvaziar a sua mente" para aliviar todo o estresse acumulado por tanta informação. Ele ensina como agir de forma organizada e com o mínimo de tensão, diante das tarefas do dia a dia. Esta metodologia GTD lhe "permite ter todas as tarefas, projetos, sonhos e ideias organizadas e sob controle. Isso facilita a priorização de forma simples e descomplicada, sem ansiedade e sem estresse".[21]

A metodologia é bem fácil, mas concretizá-la e segui-la é uma mudança de hábito. E sabemos que toda mudança de hábito exige disciplina, empenho e constância para acontecer e gerar frutos. Você começa a seguir as instruções e, se não ficar atenta, pode acabar voltando aos velhos hábitos. Mas o ideal é sempre recomeçar depois dos deslizes, readaptando a aplicação do método à sua realidade, para ir melhorando sua capacidade dinâmica e sua qualidade de vida.

Não subestime a capacidade de tais instrumentais, que são comprovadamente eficazes na vida de quem os faz com empenho e fidelidade. *Este é um esforço inicial que te fará descansar posteriormente, e um investimento de tempo que te possibilitará ter mais tempo livre ao final do dia.*

Os cinco passos básicos do método GTD são: coletar, processar, organizar, revisar e executar. Siga abaixo quais são

---

[21] Afirmação feita por Renata Montone, instrutora especialista em produtividade na metodologia GTD no Brasil.

os passos necessários à sua aplicação, apresentados por Renata Montone,[22] especialista em produtividade nesta metodologia no Brasil. A entrevista foi concedida por ela a um site[23] cuja finalidade é auxiliar as mulheres a lidar melhor com as questões e exigências contemporâneas.

Coletar: a coleta é feita para que você elimine tudo o que está na sua cabeça (o excesso de informação e preocupação) e fique com a mente clara e tranquila. Esta etapa consiste em você passar para o papel (ou para o celular) tudo o que tem que fazer, seja hoje ou futuramente. É uma forma de você parar de esquecer as suas tarefas ou, ainda, parar de ficar constantemente se preocupando com elas, uma vez que tudo estará anotado.

Processar: nesta segunda etapa do GTD, você irá processar tudo o que foi anotado no passo anterior, ou seja, vai avaliar se o que anotou é uma ação, se esta ação é uma prioridade, se ela pode/deve ser adiada ou não, se tem mais de uma etapa realizável e suas outras possibilidades.

Organizar: depois de processar, é o momento de você criar e organizar um sistema que funcione para você. David Allen (criador deste método) sugere um sistema bastante prático e fácil de ser aplicado. Uma das formas é você organizar suas tarefas por contexto específico, assim você poderá trabalhar em tarefas

---

[22] A profissional afirma que o primeiro passo para quem quer começar a aplicar a metodologia é ler o livro *A Arte de Fazer Acontecer*, de David Allen, criador do método.

[23] http://www.dicasdemulher.com.br/metodo-gtd Acesso em 13.01.2017.

determinadas quando estiver, por exemplo, no computador, ao telefone, no escritório, em casa etc.

Sugiro que, nesta etapa, você crie algumas colunas em sua lista de tarefas, tais como: 1) Prioridades, 2) Família, 3) Trabalho etc., e que nelas coloque o que corresponde a cada realidade específica.

Revisar: na metodologia GTD, um dos itens mais interessantes é a revisão, em que você acessa o seu sistema e observa se tudo está em andamento e sendo feito do jeito que você pretendia. Este é o momento para reavaliar as atividades que foram coletadas, para verificar o que já foi realizado, o que precisará ser retomado etc. Neste passo, você revisa sua lista e pode redirecionar alguma atividade que precisa ser melhor conduzida.

Executar: esta última etapa é o momento de executar aquilo que você se organizou para fazer, sem estresse e ansiedade, apenas realizando o planejado passo a passo. É o momento de você colocar as suas listas em ação e realizar tudo aquilo que tem que ser feito naquele dia (ou semana, mês etc.), sempre sabendo que está fazendo a coisa certa para aquele momento.

A execução de tarefas é algo que já concretizamos todos os dias, todavia, quando há um método que nos ajuda a melhor pensar e organizar essa execução, podemos ser mais eficazes e, assim, não desperdiçar nosso tempo e energias em vão.

A seguir, temos uma ilustração que poderá te ajudar a melhor compreender os passos deste método, visto que, quando visualizamos, nossa mente consegue assimilar e internalizar de forma mais eficaz.

1 COLETAR

Esvaziar a mente das informações referentes às tarefas a serem executadas, anotando-as em um papel, bloco de notas ou celular. É preciso anotar tudo, a fim de que a mente fique livre do excesso de informações.

2 PROCESSAR

Esclarecer ao máximo a informação anotada, compreendendo como essa tarefa pode ser realizada. Ex: Recebi o convite para fazer uma palestra etc., aqui precisarei esclarecer ao máximo essa informação: Quando será? Qual será o tema? Para quem irei falar (público)? Como irei até este local?

3 ORGANIZAR

Seguindo o exemplo anterior, a organização seria assim: Eu tenho essa data livre pra ir? Quando vou preparar essa palestra? De quanto tempo e de que material precisarei para prepará-la? Que referências eu vou usar? etc.

4 REVISAR

Fazer uma revisão frequente das tarefas já coletadas, processadas e organizadas, pois é nesta hora que muitos de nossos projetos se perdem. Ex: Se dia 15 eu iria receber o telefonema de confirmação da palestra e não recebi, dia 16 preciso ligar perguntando etc. Aqui será preciso revisitar os compromissos e projetos para ver se alguma coisa foi começada e não concluída, se é preciso retomar algum ponto do processo etc.

5 EXECUTAR

Fazer o que já foi programado! A execução de tarefas é algo que todos já realizamos, mas, quando você segue os passos anteriores aqui propostos suas ações serão muito mais assertivas e eficazes, e você agirá melhor e com menos sobrecarga de informação e preocupação.

Para Renata Montone, a execução é a etapa em que se deve gastar mais tempo. "Se o método for bem aplicado, o maior tempo deve ser gasto com a execução. Todos os passos anteriores têm como objetivo apenas propiciar agilidade na execução", pondera a instrutora. Quanto à etapa mais importante, Renata acredita que "tanto a revisão quanto o processamento se destacam em relação às outras etapas, já que são momentos importantes de reflexão e tomada de decisão, que garantem o sucesso das outras etapas.[24]

O GTD também propõe a regrinha de ouro dos dois minutos: se no momento de processar ou de anotar, você identificar uma tarefa que levará menos de dois minutos para fazer, faça-a já naquele momento. Por exemplo, agendar o dentista; é mais rápido e eficiente ligar e já marcar esse compromisso, do que anotar na agenda para fazer outro dia. A metodologia GTD é bastante simples e, por isso, ferramentas básicas como cadernos, um calendário ou o bloco de notas do celular são mais do que suficientes para aplicar o método.

Você pode anotar e concretizar os passos em seu caderno, ou, "para quem gosta de tecnologia, existem centenas de aplicativos feitos para o GTD que facilitam muito a vida, já que permitem a sincronização com o celular ou o tablet", detalha Renata. Alguns destes aplicativos que você pode usar para aplicar o GTD são: Evernote, Toodledo, Todoist e Outlook. Você pode baixá-los na loja de aplicativos do seu celular.

Para implementar o método por completo, é necessário tirar um tempo para primeiro coletar tudo o que ainda está na sua cabeça e, depois, processar e organizar um sistema que funcione para você. "Além deste tempo, existe um período de adaptação em que se faz necessário criar o hábito de usar os cinco passos, e este período gira em torno de um mês", revela a instrutora.

Este é um método muito prático que pode ocasionar inúmeros benefícios à nossa organização cotidiana. Ele pode nos conferir uma melhor gestão do tempo e, sobretudo, mais produtividade. Dessa

---

[24] Para saber mais, acesse: http://www.dicasdemulher.com.br/metodo-gtd Acesso em 13.01.2017.

forma, conquistamos mais disciplina e objetividade, e nos tornamos mais eficazes em nossas tarefas, podendo combater melhor o estresse e o desperdício de nossos recursos e energias.

Enfim, essa é apenas uma sugestão em meio aos muitos métodos e formas que você pode encontrar para melhor gerir a sua vida, e cada um(a) deverá encontrar os instrumentais mais apropriados que lhe possibilitem – a partir de suas peculiaridades, personalidade e temperamento – alcançar melhores resultados diante de suas demandas cotidianas. Tais ferramentas podem ajudar você a potencializar ainda mais o dinamismo já presente em sua feminilidade, evitando que você seja "engolida" pela avalanche de funções que as circunstâncias atuais insistem em lhe acrescentar. Talvez assim você consiga alcançar um pouco mais de organização pessoal e qualidade de vida, potencializando outras realidades e lindas virtudes das quais sua alma é portadora.

Após discorrermos sobre esses instrumentos, prossigamos nossa reflexão acerca de tal virtude feminina e os presentes desafios à sua feliz e eficaz realização.

A mudança do papel da mulher na sociedade, ocorrida nas últimas décadas, tem exigido um constante "recolocar-se", tanto da mulher como do homem, em seus papéis dentro da família e do contexto social. Ambos tiveram que desenvolver características que antes eram exclusivas de um ou de outro, e assim experimentaram uma espécie de conflito e confusão no tocante ao que verdadeiramente devem ser, almejar e realizar ao longo da vida.

Muitas dessas mudanças foram extremamente necessárias e positivas; contudo, inúmeras delas também trouxeram à luz novos conflitos e problemas – sobretudo à família, sobrecarregando com novas exigências e cobranças tanto os homens como as mulheres contemporâneos.

Houve também outros acontecimentos que provocaram mudanças na compreensão do papel masculino e feminino, e, sobretudo na construção das relações entre eles, tais como o desenvolvimento da tecnologia, a globalização, a comunicação em tempo real e o consumismo exacerbado.

A globalização e o avanço tecnológico trouxeram uma maior carga de informação e interação a todos. Tais avanços possibilitaram uma realidade muito típica de nossa época, que é a comunicação instantânea ocasionada pela internet. Uma característica marcante nessas novas relações é a instabilidade dos contatos, o que alterou os padrões relacionais dando a eles uma insegurança – e inconstância – muito particular.

As pessoas, as crenças, as certezas passaram a mudar diariamente. O que se sabe, sente ou pense hoje talvez já não seja compreendido como importante ou como "verdade" amanhã. Ou seja, o mundo começou a se tornar líquido e instável, de tal modo que nele, tudo – principalmente os relacionamentos – se tornou volátil.

Isso também tem a ver com a busca de satisfação imediata provocada em nós pelo consumismo, que incutiu em nossa mente a crença de que sempre haverá algo ou alguém novo, e por isso melhor, quando eu me cansar da experiência atual. Essa ideia de uso e troca tem também se refletido nos relacionamentos, levando as pessoas a buscarem interações mais descartáveis, nas quais se vive um egoísmo que faz com que apenas se use o outro para viver o prazer do momento. Dessa forma, torna-se cada vez mais difícil estabelecer relações duradouras, como um compromisso estável entre um homem e uma mulher no casamento, por exemplo, o que acrescentou uma significativa carga de insegurança e medo aos seres humanos de nosso tempo.

Em um tempo no qual os relacionamentos são vistos como instáveis, e até descartáveis, nos quais o que importa é somente "usar" o outro(a) para uma satisfação momentânea, muitas mulheres têm sentido uma terrível insegurança acerca do futuro, o que lhes acrescenta um constante e tenso estado de medo e "alerta", ainda que inconsciente, que pode torná-las carentes e propensas à dependência de quem lhes ofereça qualquer forma de afeto e segurança.

Estamos visualizando os cenários de uma sociedade cada vez mais fragilizada pelo medo e infantilizada por um crescente egoísmo, os quais encarceram as pessoas em um narcisismo terrível. Segundo vários autores, vivemos uma época de infantilização, em que uma verdadeira "cultura do narcisismo"[25] tem tornado as pessoas fechadas em imaturidades próprias do estágio infantil.

Esses são os inúmeros desafios impostos por nossa realidade atual, os quais precisam ser claramente evidenciados a fim de que compreendamos nitidamente nosso contexto, percebendo as raízes de nossas angústias e inseguranças contemporâneas. Mas não nos esqueçamos de que, mesmo quando o mal amedronta, chama atenção e faz barulho, o bem não deixa de acontecer e de avançar silenciosamente. Por isso, faz-se cada vez mais necessário que cada um de nós assuma a sua missão diante da vida com consciência, sobretudo você, querida mulher, dinamizando o bem e a vivência do amor em nossas famílias e contextos atuais.

Mesmo diante dos medos, inseguranças e conflitos que envolvem nossa realidade, não receie em assumir e partilhar os belos dons que habitam sua alma, e saiba que em sua verdadeira essência – segundo

---

[25] Baseado em uma pesquisa extraída do site: www.redeorientacaoprofissional. com.br/o-que-os-homens-querem-nas-mulheres/ Acesso em 12.01.2017.

aquilo que Deus te criou – existem inúmeros remédios capazes de acalentar dores e curar as feridas deste nosso mundo frio e desordeiro. Busque hoje o ânimo necessário para superar seus receios e conflitos e assim prosseguir, com o dinamismo que lhe é próprio, sendo um território de acolhida e complacência em meio a uma sociedade tão marcada pela competição e pela solidão.

Exerça a atividade de dinamizar a vivência das interações e relacionamentos em sua família e demais realidades, sabendo que os dons que em ti habitam podem tornar melhor qualquer ambiente, sendo um refúgio de carinho e beleza em meio a um tempo marcado por tantas incertezas.

Saiba que quando seu coração assume e potencializa – do jeito certo – suas virtudes e dons, isso se torna fonte de uma sincera alegria para você, pois quando sua alma retorna à sua genuína identidade, concretizando as potencialidades que em você já depositou o Criador, seu coração experiencia um profundo contentamento e realização, pelo fato de se tornar aquilo que foi criada para ser.

Utilize a dinamicidade presente em sua alma para o bem. Busque organizar e focar para seus reais objetivos essa torrente de vida que está em você, manifesta em sua capacidade dinâmica. Procure colocar essa virtude em ação em seus relacionamentos e família, promovendo – com criatividade – uma comunhão e interação que sejam capazes de vencer os tentáculos da rotina, fazendo com que todos redescubram a alegria e o prazer de conviver.

Esse é um talento que, quando estimulado e exercido com sabedoria, produz inúmeros frutos de alegria e satisfação para o coração feminino. Ele faz a mulher sentir-se viva, valorosa e capaz. Saiba extrair o máximo deste presente que a vida lhe acrescentou, investindo em suas genuínas habilidades, a fim de que resultados surpreendentes te alcancem ao longo do caminho.

Conclua agora este capítulo fazendo um breve momento de silêncio, que lhe possibilite a reflexão acerca do que aqui foi expresso. Depois disso, recite e viva esta bela oração, que trará luz e eficácia ao processo de transformação aqui evidenciado.

Senhor Deus, mais uma agradeço-Te pelos inúmeros dons que me deste! Dentre eles, a linda capacidade dinâmica que me possibilita ser multifuncional, equilibrando-me eficazmente em meio às várias exigências da vida.

Obrigada por essa inteligência e dinamismo que o Senhor me conferiu: sei que eles estão presentes mim, ainda que estejam sufocados ou fragilizados sob o peso de minhas angústias ou cansaços.

Obrigada pelo dom que é a minha vida, e obrigada por tudo o que o Senhor tem por mim realizado. Peço que o Senhor me dê sabedoria, visão e precisão, para que eu administre minha vida, minhas energias e meu tempo com eficácia, não desperdiçando os inúmeros talentos e belezas que o Senhor me confiou.

Ajuda-me a ser centrada no que é essencial, e faz-me enxergar quais são as verdadeiras prioridades em minha vida.

Liberta-me das distrações que roubam meu tempo e meu foco, Senhor.

Retira do meu caminho as coisas que me fazem mal, e dai-me a perspicácia para saber bem administrar todas as realidades que a mim foram confiadas. Encha-me com o Teu Espírito e dai-me o dom de priorizar o que é Teu em minha vida e história.

Obrigada por Teu constante carinho de amigo e pai: a Ti consagro minha vida e cada uma das minhas funções e responsabilidades.

Que em tudo eu seja guiada por Teu amor e conselho, e que cada vez mais eu possa progredir e desenvolver todas as virtudes que já estão em minha alma.

Amém.

5. Sensibilidade ímpar

E ssa é também uma daquelas virtudes que se destacam naturalmente nas mulheres, que possuem uma fineza emocional que as permite conectarem-se às realidades, sentindo o ambiente e percebendo com mais precisão as pessoas e suas genuínas necessidades. Tal dom é também uma espécie de bússola a revelar a mulher a si mesma, mostrando ao seu coração as riquezas que já estão em si e que precisam ser identificadas e potencializadas.

Do latim *sensibilitas*, a palavra sensibilidade possui várias definições. Além de ser um substantivo feminino, ela é geralmente apresentada como a faculdade de sentir, e a capacidade de perceber as coisas (até os detalhes) com profundidade. A pessoa sensível geralmente consegue bem interpretar os ambientes e realidades, fazendo uma leitura mais precisa dos contextos de cada situação.

São João Paulo II, em sua Carta às Mulheres de 1995, afirmou que, pelo simples fato de ser mulher, com a percepção que é própria da feminilidade, cada alma feminina "enriquece a compreensão do mundo e contribui para a verdade plena das relações humanas". Isso se observa claramente em uma família onde, muitas vezes, a mulher consegue compreender as coisas de maneira única e mais perceptiva, e assim pode contribuir para a solidificação dos relacionamentos e interações entre todos.

Essa sensibilidade própria da mulher não é um sinônimo de fraqueza ou fragilidade; ao contrário, *ela se manifesta como uma capacidade profunda de interpretar as circunstâncias a partir de uma percepção muito precisa, que a faz perspicaz o bastante para identificar quais realidades precisam ser mais observadas e cuidadas, ou até, modificadas. Tal virtude encontra um grande eco na mulher, que tem o dom de se antecipar sentindo os contextos e pessoas, percebendo o que muitas vezes o homem tem mais dificuldade para descobrir e interpretar.*

Sensibilidade não tem a ver com uma espécie de romantismo, ou com uma forma desconectada de displicência com a realidade, como a de alguém que vive sonhando com a "cabeça nas nuvens". Diversamente disso, uma sensibilidade amadurecida tem a característica de ser centrada, intuitiva e, ao mesmo tempo, racional. Ela não é uma virtude que torna a pessoa iludida ou aérea diante da realidade; antes, tal percepção faz com que a alma se centre nas urgentes demandas de cada circunstância, ajudando a pessoa e se perceber e a caminhar na direção de suas reais prioridades.

É claro que uma maior sensibilidade proporciona uma maior capacidade de sonhar, o que em si é muito positivo. Por isso, a característica inventiva dos sonhos é geralmente mais presente na alma feminina. E essa atividade[26] é uma riqueza pois, como afirmou Mario Quintana: "sonhar é acordar-se por dentro...".

---

[26] Dedicarei o ultimo capítulo deste livro a tal realidade.

Por isso, quem não sonha tem a alma dormindo e não encontra forças para descobrir novos caminhos e alcançar novas conquistas em sua história. A mulher naturalmente possui essa grande capacidade criativa para sonhar, fruto de sua linda e entranhada sensibilidade.

Há também circunstâncias nas quais essa distinta sensibilidade feminina se encontra tão machucada por fatos e pessoas, que seu coração não consegue mais atrever-se a se reinventar, lutando para restaurar a própria história. Há mulheres que, por medo do fracasso ou pela força das feridas abertas em seu coração, nem sequer se atrevem a imaginar uma vida melhor. Já não acreditam mais...

Elas apenas se conformaram e seguem seu caminho assim, tornando-se desiludidas e amargas. *Em muitas circunstâncias a rica sensibilidade feminina, combustível para a criatividade e para a esperança, precisará ser despertada novamente e até reconstruída.* Quando essa potencialidade está fragilizada e machucada por feridas e desafetos, a alma já não consegue projetar-se para o futuro com propriedade, inventividade e ousadia.

Nada machuca tanto essa fina capacidade de sentir a vida e ir além do óbvio, própria da sensibilidade feminina, quanto as feridas emocionais nascidas em circunstâncias tóxicas, pautadas no desamor. Muitas mulheres estão com sua sensibilidade terrivelmente machucada e desestimulada, por palavras e atitudes – marcadas pelo desafeto – que as atingiram e abafaram nelas a beleza de tal dom.

Uma mulher que vai perdendo as características de sua sensibilidade (sua forma diferente e humana de ver a vida) torna-se como que uma "praia sem sol", a "arte sem beleza", e a vida sem um sentido para acontecer. Por isso, cada coração feminino precisará lutar para reconciliar-se com essa linda virtude, que revela muito de sua essência e vocação, buscando reconstruir em si as características que estejam feridas e desfiguradas em tal dom.

A verdadeira beleza da mulher está em tornar-se o que realmente é; diferente do homem, justamente por portar uma fina e intuitiva percepção da realidade. Quando abre mão dessa virtude tão sua e não se permite ser – no bom sentido da palavra – sensível e afetiva, ela deixa de acrescentar o tanto quanto poderia em coisas positivas para si mesma e para aqueles(as) que com ela convivem, tornando-se um verdadeiro "sal que é incapaz de salgar".

Como é bonito perceber essa sensibilidade agindo em uma mãe, por exemplo, que é capaz de muitas vezes escutar as palavras que o(a) filho(a) expressa com os olhos, mas não foi ainda capaz de dizer com suas palavras. *As mães tem o dom de, em inúmeras circunstâncias, compreenderem seus(as) filhos(as), ainda que intuitivamente, pois sua sensibilidade as faz escutar além da linguagem das palavras; elas ouvem, sobretudo, a linguagem do coração, portanto, a linguagem do amor.*

Recordo-me que na infância foram raras as vezes em que, como menino levado que era, eu consegui enganar minha mãe. Quando olhava em meus olhos, ela sempre podia escutar o que minhas palavras escondiam, mas o meu olhar insistia em lhe confessar.

As mães sabem das coisas... Elas escutam o que os(as) filhos(as) ainda não disseram, e percebem o que é realmente necessário para que uma família possa continuar unida, superando as inúmeras dificuldades e obstáculos que surgem pelo caminho.

Essa sensibilidade, contudo, não é patrimônio apenas das mães, mas de toda mulher. Recordo-me o quanto me era penoso, e também enriquecedor, ter que interagir com minhas irmãs na infância. Elas tinham um jeito diferente de sentir e viver as coisas e, mesmo sem me forçar, obrigavam-me a desarmar meu coração e a ser mais humano dentro de casa. Claro que elas não nasceram prontas nem tinham todas as respostas. Eram crianças como eu (apesar de um pouco mais velhas), sendo formadas na escola da vida e aprendendo a tornar forte a sensibilidade que lhes era própria.

Elas falavam mais (preciso ser sincero) e tinham muito mais facilidade de expressar suas emoções, sabendo também decodificar melhor as minhas. Elas tinham uma intuição muito específica das coisas, e podiam ver e entender realidades que eu não era capaz de perceber. Tudo isso enriqueceu muito minha forma de ser homem, fazendo-me desenvolver uma maior possibilidade de entrar em contato com o tecido de minhas próprias emoções e percepções. Elas me comunicaram, ainda que sem a mediação das palavras, uma forma muito particular de perceber a vida e as pessoas, ampliando minha visão e a tornando-me mais apto a me colocar melhor no mundo.

A diferença que existia entre nós, sem diminuir minhas potencialidades e dons como homem, ajudou-me a amadurecer e a me tornar mais consciente do que a vida esperava de mim. Claro que isso aconteceu gradativamente, e meu contato com elas foi me despertando para aptidões antes impensadas por mim. Confesso que na época eu não sabia a isso perceber, mas que hoje sou capaz de olhar para trás e compreender o quanto tais realidades me formaram e ensinaram.

Entre o homem e a mulher existe uma diferença específica na forma de sentir e decodificar a vida. O cérebro masculino e o feminino não funcionam da mesma forma, apresentando diferenças na maneira de processar informações e emoções. Alguns neurofisiologistas[27] explicam que homens são melhores em cálculos que mulheres, que, por sua vez, lidam melhor com as relações humanas, com as emoções e com a linguagem. Essas diferenças provavelmente estão relacionadas à orientação das conexões entre os neurônios.

As diferenças são compostas por elementos físicos, psíquicos e, sobretudo, emocionais. A mulher sente e processa o mundo com sua feminilidade, enquanto o homem realiza isso a partir de sua forma masculina de compreender as coisas. Ambos podem acrescentar e complementar muito as particularidades do outro, edificando em seu coração percepções que tornam mais completa sua forma de processar e internalizar a vida. E, no tocante à rica sensibilidade feminina, o homem e o mundo

---

[27] Para saber mais: http://brasilescola.uol.com.br/curiosidades/diferencas--entre-homens-mulheres.htm Acesso em 07.01.2017

podem aprender muito e ser muito edificados pela beleza e profundidade de tal dom.

Essa virtude, como sinalizamos, é uma peculiaridade natural no universo feminino. Tal dom pode nela estar fragilizado ou até "encolhido" por feridas e traumas, necessitando passar por um verdadeiro processo de cura para poder vir à tona, mas ele com certeza está presente na alma de cada mulher, esperando ser restaurado através do amor, a fim de que o coração feminino possa plenificar suas potencialidades na tarefa de construir a sua felicidade.

Pergunto agora respeitosamente a você, querida leitora, que constrói comigo essa interação: Como você hoje percebe e interpreta sua feminina sensibilidade? Você tinha consciência dessa virtude já presente em seu coração? Você consegue perceber e identificar a sua manifestação?

Como está sua capacidade inventiva de intuir a realidade e perceber os detalhes da vida? Seu coração ainda se projeta para o futuro, ou se conformou com as decepções e com a dureza da realidade? A sua sensibilidade está abafada por feridas e medos, ou está viva e atuante em sua forma de enxergar a vida?

Peço agora que você profundamente se questione, e procure perceber como as coisas estão funcionando em seu interior no tocante à essas realidades. Perceba – sem receios ou agitações interiores – se sua sensibilidade e habilidade de sentir a vida e as pessoas está saudável e atuante, ou, talvez machucada e abafada pelos escombros das frustrações e desilusões. Essa honesta reflexão e percepção de sua realidade emocional é essencial em seu caminho de cura aqui proposto, a fim de que as virtudes que o Criador já plantou em sua alma venham à tona e façam de você a mulher forte e feliz que você foi feita para ser.

Gostaria também que, através deste livro, nós pudéssemos concretamente construir uma interação. E, assim como partilhei sobre minha experiência e formação pessoal, gostaria que você agora se expressasse, escrevendo sobre como está seu coração e o que você espera deste tempo em sua vida; um novo tempo que pode estar começando hoje.

Quero aqui lhe propor o instrumento da escrita, que é um elemento intensamente terapêutico. Através dele, podemos entrar em contato com a realidade profunda de nossas emoções e universo interior. Escrever sobre suas emoções e realidades a ajudará muito a se compreender e a se conhecer no ponto em que você está, trazendo luz e exatidão ao processo de cura que talvez você necessite viver.

Seguem algumas perguntas práticas às quais peço para você efetivamente responder, escrevendo sobre sua realidade e sobre as aspirações de seu coração. Seja intensa e leve a sério este importante passo deste processo de cura; ele com certeza será extremamente valioso para a sua jornada de autoconhecimento e restauração emocional, colocando sua alma em contato com conteúdos que você precisa perceber e identificar. *Afinal, ninguém chega aonde quer, se antes não percebe e reconhece onde está.*

Pegue agora seu lápis ou caneta, reflita calmamente e depois responda as perguntas abaixo. Este espaço é seu: aqui é o lugar no qual você pode se expressar e confessar suas verdades, sem receio de ser julgada ou mal interpretada por outros corações. Seja intensa, sincera e objetiva, e não se preocupe se irá riscar ou sujar esta parte do livro. O mais importante aqui é o seu coração, e a possibilidade de você agora tocar nos conteúdos que estão dentro dele.

Leia, reflita e escreva concretamente.

1) Como você enxerga hoje sua sensibilidade feminina: ela está saudável e atuante, ou machucada e escondida em algum cômodo de sua alma?

_____

_____

_____

_____

_____

_____

_____

_____

_____

2) Você alimenta a possibilidade de ser alguém melhor e mais feliz, ou talvez já se acomodou diante das circunstâncias desafiadoras de sua realidade?

_____

_____

_____

_____

_____

_____

_____

3) Que tipo de mulher você tem sido? Quais são os resultados atuais que sua vida apresenta (dimensão familiar, relacional, profissional e espiritual)?

_____

_____

_____

_____

_____

_____

_____

4) Quais são as maiores feridas que hoje precisam ser curadas dentro de você?

_____

_____

_____

_____

_____

_____

5) Que tipo de mulher você quer realmente se tornar? Descreva detalhadamente, escrevendo sobre as qualidades específicas, as atitudes e as conquistas que você quer ter e realizar enquanto mulher neste tempo.

_____

_____

_____

_____

_____

_____

_____

Peço agora que você feche os seus olhos e veja, mentalize, sinta e toque em cada uma dessas conquistas e metas que seu coração almeja. Toque agora nisso e se projete interiormente, com seriedade, para essa realidade. Veja agora em você a mulher que você quer se tornar: sinta agora suas aspirações sendo concretizadas, sinta a alegria e a emoção que tomam seu coração diante dessas conquistas. Deixe este sentimento tomar agora você por completo, e experiencie já a alegria de ter se tornado essa mulher virtuosa, vencedora, amável e especial.

Permita-se viver isso agora, e materialize tais realidades detalhadamente em sua percepção e sensibilidade. Sinta e veja primeiro internamente, a fim de que isso se torne realidade primeiro dentro de você. As coisas acontecem primeiro dentro de nós para depois poderem se externar. Veja agora, com os olhos de sua alma, a mulher nova, confiante e feliz que você quer se tornar. Dê asas às suas emoções e viva intensamente isso agora.

Isso é muito importante e ajuda sua percepção a entrar em contato direto com sua sensibilidade, educando sua emoção a harmonizar-se com suas genuínas aspirações.

Permita-se aqui, sem barreiras ou elevadas pretensões, viver este exercício prático de cura emocional e autopercepção. Com certeza ele te ajudará muito neste processo de análise de sua realidade interior, fazendo-te compreender como se encontra sua sensibilidade – este lindo dom divino – a fim de buscar a restauração e o equilíbrio de que porventura ela necessite.

Sua sensibilidade é um rico dom para este mundo, virtude que te faz cada vez mais mulher e que te torna plena no exercício de sua missão. Não tenha medo de se perceber e potencializar em tal realidade, estimulando do jeito certo essa capacidade que muito pode acrescentar à dinâmica de tudo o que envolve a sua vida e a vida daqueles que partilham a existência com você.

Façamos juntos esta oração:

Senhor, assumo hoje a beleza a profundidade da sensibilidade que o Teu coração me deu. Obrigado porque fui feita a partir de um amor lindo e perfeito, e existem inúmeros dons e virtudes já presentes em minha alma e coração.

Assumo hoje todas as virtudes que já estão em mim, e decido-me a lutar para estimulá-las e potencializá-las cada vez mais.

Ajuda-me a não ter medo de ser sensível, de ser Tua filha, de ser mulher a partir daquilo que o Teu amor me moldou.

Entrego-Te hoje todas as inseguranças e feridas que abafaram minha sensibilidade, e peço que o Teu Espírito me cure profundamente, para que eu possa exercer sem receios este belíssimo dom.

Ensina-me a ser inteira em tudo o que eu faço, e que eu não seja refém das circunstâncias dolorosas do meu passado.

Cura e restaura minhas emoções e afetos, Senhor. E ajuda-me a enxergar o mundo através dos olhos de minha feminina sensibilidade.

Cura minha alma e faz-me a mulher que o Teu coração sonhou: uma mulher forte, sensível e feliz, apta a assumir a própria história e a construir, em Ti, a própria felicidade.

Quero trilhar este caminho de cura e crescimento contigo, Senhor, e abandono-me à ação do Teu amor e cuidado.

Quero ser barro em Tuas mãos de Oleiro; podes me modelar, curar e formar.

Amém.

6. Capacidade de se doar com generosidade

A mulher é forte pela consciência de sua missão, forte pelo fato de que Deus lhe confia o ser humano (...). Esta consciência e esta vocação fundamental falam à mulher da dignidade que ela recebe de Deus mesmo, e isto a torna "forte" e consolida a sua vocação. (JOÃO PAULO II)[28]

NESTE CAMINHO DE MANIFESTAÇÃO de algumas virtudes femininas que, como já citamos, precisarão ser identificadas e devidamente estimuladas para se tornarem fortes e constantes, refletiremos agora sobre uma qualidade que encontra um eco muito grande na alma feminina, que é a capacidade de se doar com generosidade.

É claro que um mundo que privilegia tanto o eu e, consequentemente, estimula o egoísmo, tende a sufocar tal potencialidade. Mas, mesmo diante deste sórdido contexto contemporâneo,

---

[28] São João Paulo II. *Mulieris Dignitatem*, 30.

essa virtude não se ausentou da alma feminina. Tal dom poderá até estar um tanto sufocado debaixo de inseguranças e de uma mentalidade egocêntrica, mas ele está presente no coração feminino e poderá ser sempre despertado por bons estímulos e por um sincero desejo de viver melhor, doando-se por um propósito nobre, e por um ideal em que a mulher realmente acredite.

Olhando até para a fisiologia feminina, temos condições de perceber que, por sua própria condição materno/procriativa, a mulher possui uma linda capacidade de se doar generosamente para gerar vida e pelo bem daquilo em que acredita.

Essa é uma das virtudes femininas que mais encantam. Confesso que desde criança pude percebê-la agindo nas mulheres de minha família, nas circunstâncias mais simples e corriqueiras de nosso dia a dia. Sempre me pareceu que a mulher, por uma interna inclinação, consegue ter uma consciência mais clara das realidades nas quais ela pode e deve ajudar, posicionando-se com mais generosidade e precisão diante das mazelas das pessoas e circunstâncias.

São muitas as mulheres que são capazes de se ofertar grandemente por um(a) filho(a), por um esposo ou namorado e pela família em geral, ainda que isso possa causar alguma forma de sofrimento. A alma feminina possui a possibilidade de concretizar uma generosidade linda, que é uma das lindas virtudes que parecem – de alguma forma – naturalmente encontrar morada em sua alma e coração. Tal dom se manifesta como inerente ao seu jeito de enxergar as coisas, o que muitas vezes a torna capaz de suportar dificuldades e dissabores, quando necessário, em prol de realidades nobres nas quais seu coração acreditou.

Como padre, são muitíssimos os casos que pude encontrar, nos quais uma família só ficou verdadeiramente "em pé" em virtude da doação, comprometimento e generosidade de uma mulher. Perdoem-me os homens mas, neste quesito, as mulheres estão anos-luz à nossa frente (com raras exceções). A consciência de sua importância diante dos(as) filhos(as), o senso de responsabilidade diante deles, a noção de comprometimento inerente à construção de uma família e a sensibilidade para perceber a necessidade de educar são realidades mais presentes nas mulheres do que nos homens, fazendo com que elas sejam, em inúmeros casos, o verdadeiro alicerce que sustenta todo o edifício de um lar.

Não desejo, de forma alguma, diminuir o valor de muitos homens que se doam profunda e generosamente pelo bem de suas famílias, mas preciso aqui reconhecer – por observação pratica da realidade – que a grande maioria das mulheres tem, em inúmeras circunstâncias, muito mais disposição para fazer sacrifícios pessoais a fim de que sua família não venha a ruir. Não que tal realidade não lhe custe nada, obviamente; mas, mesmo sentindo dor ou tristeza diante de circunstâncias difíceis, seu coração possui uma maior consciência do que realmente precisa ser feito para que uma família aconteça e tenha o mínimo necessário para crescer e se desenvolver.

Infelizmente, inúmeras são as mulheres que foram traídas e abandonadas por seus esposos: homens fracos, inconsequentes e, muitas vezes, dominados apenas por instintos e vícios – pessoas egoístas e infantis, que não foram capazes de combater as próprias fraquezas e más tendências pelo bem da família, mas se entregaram à inúmeras aventuras em detrimento de toda uma família que deles muito precisava para pode crescer e acontecer com afeto e segurança.

É vergonhoso (para não dizer infindável) o número de mulheres que foram humilhadas e trocadas por outra vinte anos mais nova (ou mais), sentindo-se, neste processo, friamente usadas e depois descartadas. Afirmo isso com a autoridade de quem acompanha muitíssimos casos como esses cotidianamente, auxiliando – como sacerdote – várias famílias que enfrentam tal realidade.

Conheço muitíssimas mulheres que viveram essa ardilosa situação, mas que mesmo sozinhas decidiram assumir os(as) filhos(as), tanto no sustento como na educação, e trabalharam duro para dar um futuro digno à sua prole. São mulheres fortes, injustiçadas por homens machistas e ensimesmados, e que por isso precisaram trabalhar o dobro, além de terem que ser pai e mãe ao mesmo tempo.

Aqui não quero, de forma alguma, incitar qualquer afirmação feminista ou um pensamento que descaracterize a figura do homem. Sei que existem muitos homens bons e valorosos, que são ótimos pais e esposos exemplares. Louvo a virtude de tais homens e reconheço que eles existem e fazem um enorme bem para suas famílias, como para toda a sociedade. As afirmações acima são pautadas em estatísticas e não em suposições, além de serem fruto de minha observação cotidiana como alguém que está próximo a muitas famílias e as acompanha em suas situações mais tristes e inusitadas.

Essas mulheres fortes que há pouco mencionei experimentaram a decepção e a dor, mas não pararam nisso e fizeram o seu melhor doando-se – muitas, sacrificando-se – pela família, enfrentando lutas enormes, mas sem "deixar a peteca cair". São corações que assumiram o fruto de seus ventres até as últimas consequências, realizando a árdua tarefa de formar um ser humano e prepará-lo para o mundo.

Tudo isso prova que a mulher não é, nem de longe, o "sexo frágil".

Confesso que, muitas vezes, já fiquei extremamente emocionado com algumas histórias que tive a oportunidade de acompanhar. Tornei-me um profundo admirador de tantas mulheres batalhadoras (e, por isso, vencedoras) que assumiram, com uma consciência muito clara, o desafio de doar-se ao extremo para que a família, sobretudo os(as) filhos(as), amadurecesse e se tornasse feliz. *Não é à toa que até a Bíblia expressa que o amor materno – portanto, o amor de uma mulher – é o amor humano que mais se assemelha ao amor de Deus,[29] no sentido de ser o amor que mais é capaz de se ofertar com generosidade pelo bem e alegria do outro.*

Recordo-me da história de uma vencedora que certa vez conheci, uma mulher de alma ímpar que se casou muito nova com um homem demasiadamente rude, e que portava inúmeros traços negativos de caráter. Após terem três filhos (dois rapazes

---

[29] Cf. Is 49,15.

e uma moça), ele decidiu abandonar a família para ir "morar" com uma vizinha com quem se envolvera anteriormente. Além de beber muito e não ser um apoio para sua esposa, tal homem sentiu-se no direito de viver essa aventura descompromissada, agindo como se os filhos e a família fossem uma responsabilidade apenas da esposa.

Este homem fraco e dominado pelos vícios foi morar em outro bairro com essa vizinha quatorze anos mais nova e, a partir disso, não ajudou sua esposa e seus filhos em quase nada (material e afetivamente). Beatriz se viu sozinha, desempregada (ela não era formada nem possuía um emprego estável na época) e com três crianças pequenas para sustentar e educar.

Nossa protagonista recebeu o apoio do pai (pois sua mãe já havia falecido) e decidiu ir à luta para trabalhar, sustentar e formar esses três filhos sozinha. Muitas foram as lutas que ela viveu. Em algumas situações, seu coração chorou e se desesperou por perceber-se pequena diante das inúmeras exigências que essa difícil circunstância lhe impusera, mas mesmo assim prosseguiu sua jornada com o sincero desejo de fazer o melhor que pudesse pelo bem de seus filhos.

Ela deixava as crianças em uma creche, e trabalhava em dois empregos diferentes durante o dia. Seus filhos foram crescendo e, mesmo em meio a muitas lutas e privações, ela foi dando o seu melhor para educá-los e lhes oferecer uma vida digna e promissora. Mesmo diante deste terrível sofrimento, seu coração não estacionou na mágoa ou revolta; movida por sua generosidade e amor, ela assumiu a educação de seus filhos com heroísmo, sendo afetiva e efetiva, e transmitiu a eles nobres valores.

Nossa "heroína" precisou ser pai e mãe, e assumiu integralmente a construção desses três seres humanos, fazendo por eles coisas inacreditáveis, sempre movida por seu amor e generosidade. Imagino o que seria dessas crianças se não fosse a integridade dessa mãe, que se doou inteiramente para proporcionar a eles uma vida melhor.

Com muita luta e coragem, essa mãe, unida ao seu pai que a muito a apoiou, conseguiu criar bem esses três filhos, dando-lhes distintos princípios e a possibilidade de um bom futuro. Hoje os três são adultos, formados e possuem bons empregos.

Em virtude de sua luta e trabalho, os filhos hoje conquistaram uma situação melhor e mais confortável para toda a família, tanto sob o ponto de vista relacional como financeiro. Eles superaram as privações e angústias do passado e, a partir da entrega da mãe, reconstruíram sua história e alcançaram um futuro estável e feliz.

Com toda certeza, essas crianças poderiam ter tido um destino muito desastroso se não fosse a força e a generosidade dessa mãe, que não fugiu nem se acovardou diante do sofrimento, mas assumiu a família e fez o seu melhor para que os filhos fossem cuidados e não se perdessem na vida. Não estou aqui afirmando que uma família disfuncional (sem a presença do pai, ou até da mãe) não é capaz de educar os filhos com sucesso, nem de alcançar êxito na dinâmica familiar. Mas são muitas as estatísticas que revelam que um filho criado sem pais presentes e atuantes em seu processo de formação tem uma possibilidade muito maior de se perder nos vícios ou em comportamentos autodestrutivos e rebeldes nas posteriores fases da vida.

Segundo um levantamento feito pelo Ministério Público de São Paulo/SP, por exemplo, dois em cada três jovens infratores – os quais cometeram sérios delitos e crimes – não tiveram o pai dentro de casa,[30] e cresceram em famílias disfuncionais. Em tal pesquisa ficou tecnicamente comprovado que tal realidade – a ausência do pai – teve uma incidência direta neste comportamento negativo por parte dos filhos, que cresceram sem o afeto paterno e sem limites bem definidos.

Enfim, são muitas as "Beatrizes" que temos a oportunidade de conhecer todos os dias, mulheres fascinantes e fortes, que são verdadeiros anjos na vida dos seus, salvando-os e fazendo-os felizes pela via de sua entrega e generosidade.

Acredito que a tarefa de assumir a família e de se doar com generosidade por ela são uma missão tanto do pai como da mãe, tanto do homem quanto da mulher, e de forma alguma estou afirmando – ou insinuando – que só a mulher precise se ofertar e se doar com generosidade pelo bem da família. Isso é tarefa de ambos. Todavia, olhando para a dureza do cotidiano que, infelizmente, é "real e não ideal", percebo que muitas mulheres têm, mesmo em condições desfavoráveis e inóspitas, assumido tal missão sozinhas e vêm alcançando resultados impressionan-

---

[30] Dados presentes em: http://www1.folha.uol.com.br/cotidiano/2016/06/1786011-2-em-3-menores-infratores-nao-tem-pai-dentro-de-casa.shtml Acesso em 27.01.2017.

tes, assim ofertando ao mundo uma heroica demonstração de amor e doação que evidencia uma belíssima grandeza de alma.

Uma mãe facilmente se esquece de si e se oferta ao(à) filho(a). Nela, a consciência do que significa amar é profundamente acentuada por uma interna inclinação, própria à sua feminilidade, que parece revelar-lhe um caminho de crescimento através do cultivo de virtudes que – de alguma forma – já estão presentes em sua alma, caminho este para o qual ela deve constantemente regressar, para de fato descobrir um percurso que a conduza às respostas que seu coração almeja encontrar.

Há um terrível pensamento em nossa sociedade que busca nos convencer que o amor é algo pesado, e que doar-se e ser generoso(a) é coisa de gente tola e não sofisticada racionalmente. No entanto, precisamos constantemente nos recordar que a generosidade é uma virtude, não um defeito; ela é um dom que nos faz pessoas melhores e mais realizadas.

A realização do coração humano está justamente no ato de amar, visto que fomos criados por amor e para amar. E o que frontalmente contradiz este amor que nos realiza enquanto seres humanos, é justamente o egoísmo que nos leva a querer nos "economizar" afetivamente diante da vida, fechando-nos em interesses mesquinhos e egocêntricos.

Este amor que realmente sacia a alma humana se manifesta precisamente na doação generosa de si, para o bem e a alegria de outros corações. Este amor é capaz de dar sentido à nossa vida, oferecendo-lhe um propósito que a conduz em meio às nuances e sombras da existência.

Deus deu a cada mulher uma feminilidade que é extremamente virtuosa, e é precisamente quando este dom de ser mulher é potencializado que o coração feminino pode alcançar uma realização e um contentamento extremamente singulares. Entretanto, como já afirmei anteriormente, não é pelo fato de uma mulher ter uma inclinação natural para determinadas virtudes (que já estão, de alguma forma, dentro dela) que ela não terá que se esforçar para que tais dons realmente aconteçam e se potencializem na pratica. O desenvolvimento e fortalecimento de qualquer dom e virtude exigirão empenho, decisão e disciplina por parte de qualquer pessoa, e será sempre preciso vencer o comodismo e a preguiça para se viver de forma realmente virtuosa.

Uma vida de vícios e erros será, teoricamente, mais fácil. Ela não exigirá um constante esforço para vencer a si mesmo(a), superando as más tendências e o egoísmo preguiçoso que nos acomoda em circunstâncias negativas. Já o caminho da virtude, ao contrário, é uma trajetória de subida e ascese, que exigirá empenho e vontade, mas que, ao longo do tempo, será capaz de nos acrescentar uma verdadeira realização e felicidade.

Existem alguns defeitos ou más inclinações que realizam uma direta oposição às naturais virtudes femininas que aqui estamos apresentando. Essas realidades podem "anestesiar" a alma de uma mulher, furtando-a deste caminho de virtude e de consequente autorrealização. Quando uma mulher não cultiva a virtude, sua alma estará, automaticamente, tornando-se vulnerável ao domínio de vários vícios e imperfeições. *Neste caminho de construção de nós mesmos, não há "coluna do meio": se não andamos para frente, já começamos a andar para trás. Se não cultivamos virtudes, já começamos a desenvolver defeitos e vícios.*

Os vícios e inconsistências surgem a partir de coisas pequenas e despretensiosas, e aos poucos vão abafando nossas virtudes e confiscando a nossa liberdade interior.[31] Assim, vamos desenvolvendo um jeito "estragado" de ser e de se relacionar com as pessoas, e o pior de nós acaba sendo ofertado ao mundo que nos circunda.

Quando falamos da virtude da generosidade, que pode também ser definida como uma grandeza de alma capaz de se ofertar com gratuidade, o principal defeito que a ela se oporá será a infeliz "mesquinhez de alma" que nos levará a querer "economizar" o que somos egoisticamente, diante daqueles(as) que realmente precisam de nós. A(o) mesquinha(o) de alma pensa apenas em suas próprias necessidades, esperando sempre que os outros a(o) sirvam e correspondam em tudo às suas expectativas. Este defeito, frontalmente contrário à virtude que estamos propondo, faz com que o coração se afogue em uma embriaguez calculista e utilitarista, e por isso deixe de dar e receber o amor que poderia lhe trazer um real contentamento.

Esta é uma lei imutável inscrita na natureza dos relacionamentos: nós temos vida quando a ofertamos – partilhamos – aos outros, e somos amados e cuidados quando damos passos na atividade de amar e cuidar. *Frieza, fechamento e mesquinhez de alma afastam de nós o amor e a afeição das pessoas, deixan-*

---

[31] Escrevi sobre isso em meu terceiro livro, *Conquistando a Liberdade Interior*, publicado pela Editora Canção Nova em coedição com a Editora Planeta.

do-nos isolados e aprisionados às sórdidas consequências de tais imaturas atitudes.

A própria Sagrada Escritura nos ensina que "é dando que se recebe";[32] e quando somos generosos o bastante para ofertar nosso amor e cuidado, temos a feliz possibilidade de isso receber em nossa trajetória pela vida. Não que seremos generosos apenas para receber generosidade em troca; definitivamente não é isso. Porém, quando entramos na dinâmica da generosidade e da autodoação, fazemos girar essa roda da vida, que acabará – de alguma forma – trazendo até nós aquilo que tivemos a coragem de ofertar às pessoas.

Outra realidade que se opõe à virtude expressa na capacidade de se doar com generosidade é o defeito caracterizado pela *intransigência. O(a) intransigente é excessivamente rígido com os outros, e não tem a capacidade de abrir mão de seu ponto de vista ou vontade para socorrer e ajudar alguém.* Ele(a) torna-se intolerante e até inflexível diante das necessidades alheias, concebendo suas ideias e demandas pessoais como a única "razão de ser do universo".

O coração intransigente não aceita as próprias falhas e acredita que nunca erra, tendo uma grande dificuldade para reconhecer as próprias inconsistências e fraquezas. Seu olhar acostumou-se a somente apontar os defeitos dos outros, ingenuamente acreditando que tudo o que ele faz é melhor e mais perfeito: que só a sua família é decente, que só ele(a) sabe fazer as coisas certas etc. Tal coração não considera as pessoas e as

---

[32] Lc 6,38.

opiniões dos outros, por isso não consegue doar-se com generosidade pelo bem de ninguém; afinal, em seu reduzido ponto de vista, as pessoas são sempre inferiores e não podem ser alvo de sua "majestosa" ajuda.

Esses são males que podem atingir e contaminar um coração, roubando dele a belíssima e natural capacidade de doação e generosidade, que é capaz de tornar cada mulher linda (em todos os sentidos), madura e mais feliz. Afinal, Deus a criou com essa virtude e apta a concretizar esse dom, assim iluminando o mundo e o tornando mais cheio de vida e de "cores".

André Comte-Sponville[33] em seu livro *O Pequeno Tratado das Grandes Virtudes,* apresentou uma linda reflexão sobre a virtude da generosidade, que nos faz compreender a dinâmica que perpassa sua vivência. Quando concretizado tal dom é capaz de enobrecer qualquer coração humano, preenchendo lacunas e trazendo focos de luz onde antes havia penumbra e vazio.

> A generosidade é a virtude do dom. Dom de dinheiro (pelo qual tem a ver com a liberalidade), dom de si (pelo qual tem a ver com a magnanimidade – grandeza de alma, ou mesmo com o sacrifício). A generosidade é o contrário do egoísmo, como a magnanimidade é o contrário da mesquinharia.
>
> *Ser generoso é ser livre de si, de suas pequenas covardias, de suas pequenas posses, de suas pequenas cóleras, de seus pequenos ciúmes.*
>
> Não se trata mais de "atribuir a cada um o que é seu", como dizia Spinoza a propósito da justiça, *mas de lhe oferecer o que não é seu, o que é de quem oferece e que falta a quem recebe. O amor é a finalidade, a generosidade é o caminho.*

---

[33] Filósofo e escritor francês.

A generosidade nos eleva em direção aos outros, poderíamos dizer,
e em direção a nós mesmos enquanto libertos de nosso pequeno eu.

Aquele que não fosse nem um pouco generoso, a língua nos
adverte que seria baixo, covarde, mesquinho, vil, avaro, egoísta,
sórdido... E todos nós o somos, no entanto, nem sempre ou com-
pletamente: a generosidade é o que nos separa dessa baixeza ou, às
vezes, nos liberta dela.

Ser generoso, diria eu, é esforçar-se por amar e agir em consequência disso. A generosidade se opõe assim ao ódio (e ao desprezo,
à inveja, e à cólera, sem dúvida também à indiferença...).

Notemos, para concluir, que a generosidade, como todas as
virtudes, é plural, tanto em seu conteúdo como nos nomes que lhe
prestamos ou que servem para designá-la.

Somada à coragem, pode ser heroísmo. Somada à justiça, faz-se
equidade. Somada à compaixão, torna-se benevolência. Somada à
misericórdia, vira indulgência e bondade (...)[34]

Sem dúvida, lindo é esse dom que encontra um terreno
privilegiado no coração feminino, que por essência manifesta
a nobre inclinação a ser magnânimo (a ter grandeza de alma),
para assim marcar positivamente a vida daqueles(as) que com
ele dividem a vida. A generosidade torna as pessoas mais belas,
porque as desprende de suas "feiuras" e pequenez, tornando-as
capazes de levar amor e felicidade a outros corações.

É importante cultivar a constante compreensão de que
trazemos dentro de nós tanto a semente da generosidade como
a do egoísmo, e a que mais crescerá é a que mais alimentarmos
em nosso cotidiano. O professor Felix Warneken, da Univer-

---

[34] Comte-Sponville, André. *Pequeno tratado das grandes virtudes*. São Paulo:
Martins Fontes, 2002.

sidade de Harvard, em um estudo financiado pela Science of Generosity Initiative,[35] concluiu que nascemos com ambas as capacidades, as quais serão nutridas ainda na infância. Aí se reforça a influência dos pais, que precisam estimular seus filhos à generosidade – sobretudo com seus exemplos, mesmo antes que as crianças aprendam a falar. E é lógico que, se tal realidade for nutrida e estimulada com a devida ênfase, com toda certeza prosperará futuramente.

As crianças aprendem prioritariamente pelo exemplo, especialmente o da mãe, que acaba estando mais próxima e – na maioria das vezes – passando mais tempo com o(a) filho(a). Quando as crianças são estimuladas às virtudes, através de positivos exemplos, elas desenvolvem uma capacidade cerebral que será valiosa quando elas próprias tiverem que lidar com a vida e educar sua prole.

Em suma, o que grandemente sinaliza a "qualidade" e grandeza do coração de uma pessoa será a sua capacidade de cuidar generosamente de si e dos outros, desprendendo-se do egoísmo para ofertar amor àqueles que realmente necessitem. Tal capacidade reveste de beleza e virtude a atividade de qualquer coração, tornando-o um verdadeiro consolo em meio às durezas e sofrimentos deste mundo ardiloso e – às vezes – tão confuso.

Encerro este capítulo apresentando o pequeno trecho de um belo discurso feito pelo Papa Pio XII,[36] intitulado *A esposa,*

---

[35] Conteúdo presente no site: https://generosityresearch.nd.edu Acesso em 13.01.2017. Tradução livre.

[36] Em 11/3/1942.

o sol da família, no qual o pontífice expressa a grandeza da mãe e da esposa no lar e na sociedade, afirmando que:

> A família tem o brilho de um sol que lhe é próprio: a mulher... Realmente, a mulher, a esposa a mãe são o sol da família. É o sol que muito ilumina por sua generosidade e dedicação, pela delicadeza e atenção em relação a tudo quanto possa tornar melhor a vida de todos. Ela irradia a luz e o calor do espírito (...).

História de uma ruga

Existe uma fina beleza por trás dessas rugas.
Cada uma conta uma história...
Comenta-se: por vezes a aparência manifesta fragilidade,
mas, é preciso recordar,
tal fragrância esconde beleza e força singulares.
Versátil: morada de virtudes e cores,
capazes de decorar o inabitado,
reacendendo a vela do sonho com a singularidade de seu olhar.
Uma camada de carinho povoando o descampado da alma,
iluminando a memória desfeita
pela ausência de uma saudável conciliação.
Descalços de nossas pretensões,
descansamos nosso espírito neste terreno fecundo:
Teu colo, olhos, coração!
Mulheres novas, ruivas, descalças, alegres e anciãs...
Conectadas ou não.

Todas com leveza e luz próprias (ainda que dormentes),
com cheiro de aconchego, consolo e compasso.
Em rugas pálidas ou enegrecidas, o destino se entrelaçou
arquitetando um contorno que apenas o amor soube edificar.
Tesouros com os quais são construídos
os homens e mulheres que sustentam o mundo!
Sorrisos sem curva ou fronteira,
olhares vastos carregados com o pó da bravura.
Olhei pela janela...
de longe também me percebi ali!
Moldado na contemplação, pela sombra de seus belos exemplos.
Rugas, ranhuras na alma,
carregadas de sentido e beleza,
tijolos que foram capazes de tecer as vitórias de muitos corações.
Não temas, como a aurora, clarear!
Sua luz é forte, nela meninos enxergam estradas,
mocinhas constroem pontes,
e assim o mundo fica mais admirável e sereno,
pela energia e beleza de seu dom.
Que os olhos inveterados admirem, sem neblina,
a fineza que reveste essas marcas,
chagas que ainda sangram na história de uma ruga:
que outrora e sempre persistem
com o belíssimo ofício de sarar o mundo.

Pe. Adriano Zandoná

7. Uma pausa: como você se vê?

Antes de prosseguirmos nosso caminho de cura e de apresentação de algumas importantes virtudes, que são como que um mapa de regresso para cada mulher à sua essência, faremos aqui uma breve pausa para refletir sobre a pergunta que dá título a este capítulo. *Como você, mulher, se vê?*

Se hoje você pudesse descrever detalhadamente como você se enxerga; se escrevesse ou desenhasse minuciosamente aspectos de sua aparência (pele, rosto, cabelos, corpo), sua personalidade e características pessoais, como seria este teu texto ou gravura?

Essa é uma questão de suma importância em nosso caminho, porque *a forma como nos enxergamos determina muito sobre o respeito que temos conosco mesmos e, também, sobre o respeito que inspiramos os outros a nos devotar.*

Em muitos aspectos, nossa autoimagem e autopercepção estão diretamente ligados aos resultados que teremos na vida (bons ou ruins), e quando não conseguimos nos enxergar com olhos curados e capazes de contemplar nossas verdadeiras belezas, tenderemos a agir como os maiores inimigos de nosso verdadeiro progresso.

Mais uma vez pergunto: como você se vê? Ou, melhor: quais foram as experiências que fizeram você se enxergar assim? Quais circunstâncias e personagens influenciaram a imagem interna que você construiu acerca de si?

Em algumas circunstâncias, os resultados que acumulamos na vida não são mais positivos porque a forma como nos enxergamos é demasiado negativa.

Quando nos enxergamos apenas a partir do negativo, não conseguimos crescer nem estimular nossos talentos do jeito certo. *Alguém que se enxerga com olhos constantemente depreciativos acaba abortando um número infindável de possibilidades e, mesmo sem perceber, afastando inúmeras conquistas e vitórias que poderiam visitar sua história.*

Quando as crenças profundas que temos acerca do que somos estão fragilizadas e desequilibradas, desenvolvemos a tendência a nos sabotar e a não investir com eficácia em nosso próprio progresso.

Quando temos crenças negativas acerca de nosso próprio merecimento e capacidade, tendemos a nos compreender de forma depreciativa e até desrespeitosa, podendo desenvolver uma forma amarga e insegura de viver e se perceber. A mulher que vive afetada em tais circunstâncias poderá, por exemplo, desenvolver um sério complexo de autorrejeição,[37] não aceitando

---

[37] Sobre isso falaremos posteriormente.

a si mesma e vivendo em busca da aprovação e do elogio dos outros para poder sentir-se segura e bem.

Existem coisas que, se não aprendemos a construir dentro de nós, não há qualquer elogio ou a aprovação externos que nos poderão acrescentar. Por isso será sempre terapêutico um caminho de reconstrução da autoimagem a partir da verdade de nossas virtudes e belezas, e nunca a partir de das vozes distorcidas que os traumas ou feridas deixaram em nós.

Lamentavelmente, são muitas as mulheres que alimentam uma autoimagem extremamente negativa, vendo-se com uma lente de aumento pautada na autodesvalorização. Corações assim fragilizados tem muita dificuldade de contemplar os próprios valores e dons, limitando-se, assim, a partir do que tem de pior. É claro que todo ser humano tem defeitos, falhas e realidades nas quais precisa melhorar, mas não é isso o que o define.

Existem muitos corações que foram desde muito cedo machucados e fragilizados na construção de sua autopercepção e, em virtude de relacionamentos tóxicos e abusivos nos quais se acentuaram apenas fraquezas e realidades negativas, acabaram internalizando uma compreensão de si acentuadamente distorcida e pejorativa.

A maneira como nos enxergaram – sobretudo na infância – acaba moldando a maneira como nos enxergamos hoje. Muitas vezes, precisaremos revisitar nossa história e os olhares que nela recebemos, para aí buscar – em Deus – curar as emoções que em nós ficaram machucadas devido aos olhares e palavras de desaprovação que em nós fincaram raízes.

O que disseram ou expressaram acerca de nós nem sempre corresponde à verdade do que somos. Necessário será purificar as impressões que chegaram ao nosso coração, questionando isso, para assim nos empenharmos a conhecer e ressaltar a verdade de nossa genuína identidade.

Qual é a sua verdade? Quais são as belezas, os dons e a contribuição que somente você pode oferecer para este mundo?

Não se nivele por baixo nem aceite todas as observações azedas que chegaram ao seu coração: saiba ouvir com atenção cada crítica e aprender com elas, mas guarde em seu coração apenas o ensinamento e a correção que te construírem e servirem para o seu autêntico crescimento.

Mesmo quando erramos ou temos fraquezas aparentes, tais realidades poderão ser sempre superadas e melhor administradas em nós, e os ecos de tais fragilidades não têm o poder de nos sentenciar, nem de definir o que seremos.

Será que em seu tecido emocional ainda existem consequências de palavras negativas ou críticas maldosas, que foram feitas a respeito de seu comportamento ou aparência, e que precisam hoje ser redirecionadas dentro de você? Não permita que o negativo se estabeleça como a única "verdade" a expressar quem você é; ao contrário, tenha a coragem de jogar fora as palavras e comentários que não merecem mais viver em seu interior.

Não permita que o depreciativo domine sua autopercepção, pois você é muito mais do que suas fraquezas e limites, e pode ir muito mais longe do que foi até então.

Esteja, da mesma forma, atenta diante de alguns padrões da moda ou de uma estética inatingível impostas por nosso tempo, pois isso também é fonte de problemas com a autoestima, além de acentuar uma possível visão autodepreciativa e negativa de si. Não se torne escrava da busca de uma "aparência ideal", muitas vezes ditada por padrões desumanos (até anoréxicos) que fazem com que você se sinta sempre insatisfeita em relação ao seu corpo e sua aparência.

De acordo com uma entrevista realizada por um importante site[38] inteiramente dedicado à realidade feminina, a psicóloga[39] entrevistada salientou que:

> A imagem de perfeição física supervalorizada pela mídia em nosso tempo não combina com o dia a dia da maioria das mulheres, pois a disponibilidade de tempo, de dinheiro e do próprio desejo são antagônicas à exigência social sobre a imagem física, o que em algumas mulheres gera um intenso sentimento de culpa, além de uma profunda sensação de baixa estima e inferioridade.

A profissional ainda ressaltou que, além não levar em conta o biotipo e o histórico pessoal de cada mulher, os exigentes padrões de beleza atuais podem influenciar de forma muito tóxica, gerando nas mulheres um descontentamento constante diante da própria realidade. *A magreza, o corpo sarado, a pele e*

---

[38] Entrevista presente em: https://mulher.terra.com.br/comportamento/autoestima-feminina-entenda-os-altos-e-baixos-dessa-questao,b4f96ee9f9e-27310VgnCLD100000bbcceb0aRCRD.html Acesso em 09.01.2017.

[39] Psicóloga Andreia Calçada.

os cabelos perfeitos, enfim, a imagem da perfeição tornam-se uma terrível carga de autocobrança e peso emocional.

Já a psicóloga Marina Vasconcellos,[40] que também foi uma das entrevistadas, explicou que a autoestima é algo construído ainda na infância, a partir da relação que a criança vive com os pais (como já expressamos no segundo capítulo). "Crianças que são muito criticadas, ou não recebem muita atenção dos pais, podem passar a vida em busca desse reconhecimento, mesmo em outras pessoas", observou a profissional. Tais crianças tenderão a se tornar adultos inseguros, que passam a vida tentando provar seu valor às outras pessoas. Quem não consegue resolver essa questão muitas vezes acaba sofrendo ou se colocando em situações às quais não precisaria se submeter, seja na vida profissional, no amor ou nas relações cotidianas.

Seguem abaixo os dados de outros aspectos apresentados pela pesquisa,[41] os quais revelam alguns comportamentos típicos de uma mulher que possui uma autoimagem negativa, consequência direta da baixa autoestima. Tal pesquisa/entrevista ainda apresentou alguns problemas que tal realidade pode ocasionar como, também, sinalizou alguns possíveis caminhos para superar essa complexa questão.

Comportamentos padrão impulsionados pela baixa autoestima:

---

[40] Dados presentes na mesma pesquisa acima citada.

[41] Site: https://mulher.terra.com.br/comportamento/autoestima-feminina-entenda-os-altos-e-baixos-dessa-questao,b4f96ee9f9e27310VgnCL-D100000bbcceb0aRCRD.html Acesso em 10.01.2017.

- Comparar-se demais com as outras mulheres, colocando-se inúmeras vezes em uma posição inferior;

- Sentir ciúmes excessivos e ter dificuldade para lidar com críticas;

- Ter uma constante posição de vítima (quem não está bem consigo sempre acha que o mundo está contra si);

- Ter uma constante carência de atenção e se sentir rejeitada pela maior parte das pessoas;

- Ter uma sensibilidade extrema e desequilibrada quando contrariada (por vezes distorcendo o que as pessoas dizem);

- Ter uma constante insatisfação com seus atos e com o seu corpo;

- Cultivar autocrítica intensa;

- Ter grande dificuldade em se valorizar, alimentar uma submissão excessiva e tornar-se refém da falta de confiança.

Ainda de acordo com a psicóloga Marina Vasconcellos, que conduziu a pesquisa acima citada, quem padece de tal problema pode enfrentar sérios desafios no âmbito pessoal e profissional. No trabalho, os problemas começam quando a própria pessoa não consegue confiar em si própria e acaba, segundo a especialista,

> criando obstáculos para os desafios impostos. A pessoa sempre acha que não vai dar conta, então tem medo de arriscar, de se lançar em coisas novas. Além disso, leva a maioria das críticas para o lado pessoal.

Já no campo dos relacionamentos (amorosos, em especial), a chance de se envolver em relacionamentos infrutíferos é bem grande, como prossegue a profissional:

> Mulheres com baixa autoestima buscam homens que passam a dominá-las e subjugá-las. A relação passa a ser desigual já que, por medo de perder o relacionamento e não se sentirem capazes de buscar um outro, elas acabam – consciente ou inconscientemente – se submetendo a praticamente tudo.

A pesquisa prossegue revelando que mulheres que enfrentam tal adversidade interior tendem a buscar o tipo de homem que as encha de mimos e elogios ou, ainda, em um outro extremo, alguém que seja o oposto, ou seja, aquele que as despreza e não lhes dá a mínima atenção. Isso tudo ocorre porque elas estão ainda buscando alguém que lhes reconheça e lhes dê afirmação ou, enfim, uma pessoa que confirme a sua tese – muitas vezes inconsciente – de que elas não têm valor e não merecem ser bem tratadas.

Segundo os profissionais consultados na pesquisa, incluindo as psicólogas acima citadas, a mulher que se percebe em relações deste tipo precisará lutar para sair do papel de vítima passiva para tornar-se protagonista de sua própria restauração. Eles afirmam que o homem poderá também ajudá-la neste processo, sendo provocativo no sentido de incentivá-la a ouvir-se e a respeitar-se mais, dedicando-se com mais afinco às atividades de que ela gosta e investindo mais em si mesma.

Seguem alguns passos práticos que podem ajudar uma mulher a superar uma autoestima fragilizada, encontrando novos caminhos para crescer e valorizar o que é. São sugestões práticas que podem muito ajudar na melhora da autoimagem e da autoestima, a partir de uma visão mais realista e da valorização dos seus pontos fortes.

Faça coisas de que você gosta

De acordo com a psicóloga Marina, investir em uma atividade prazerosa é uma forma de mudar a autoimagem: "Se você adora dançar, e leva jeito para a coisa, dance. Com isso, vai ser olhada com admiração e vai construindo uma imagem mais positiva de você mesma".

Invista seu tempo e energia em coisas que te façam bem, e que tirem seu foco daquilo que é negativo e desaprovado por você. Isso trará leveza para seu interior, e poderá ser um valioso instrumental a te auxiliar na luta pela reconstrução de sua autoestima.

Abandone a "coitadinha" que há dentro de você

Se você acha que o mundo está contra você, e vive cercada de amigos que reforçam isso, a tendência é só piorar. A dica é se afastar de pessoas que tendem a te proteger demais, para tornar-se a autora da própria vida. Você não precisa que as pessoas sintam "dó" de você. Precisa do amor e do incentivo delas para poder caminhar com suas "próprias pernas" e construir seus próprios resultados.

Aprenda a ouvir as críticas que possam ser positivas

Ouça as críticas e pondere aquilo que é dito: procure ver as coisas de maneira mais real e menos dramática, reconhecendo com simplicidade suas fragilidades e inseguranças. Mude o que for possível e olhe sempre aquilo que você tem de positivo, busque confiar e olhar para o que você tem de bom e para o que já fez de bom. Assim, pensamentos negativos sobre você poderão ser modificados, em virtude de sua mente ir estimulando-se a pensar em coisas positivas a seu respeito.

Não afogue as mágoas comendo (ou bebendo) em excesso

Segundo uma das psicólogas que protagonizou a entrevista, uma tendência forte de quem está com a autoestima baixa é se presentear com um bom prato de comida ou uma barra de chocolate. Evite este comportamento, pois acaba fazendo com que você entre em um círculo vicioso, fragilizando ainda mais a autoestima e, por fim, ficando sem limites.

Faça exercícios físicos regularmente

Além de fazer você se sentir melhor com seu corpo e trazer uma maior positividade na forma como você se vê, a prática física libera a endorfina, o hormônio do prazer. Esta é uma atividade prazerosa e que pode trazer resultados visíveis que contribuem para sua autoestima (o fazer exercícios regularmente, frequentando uma academia, por exemplo).

Se necessário e possível, busque uma boa terapia

A terapia é uma importante aliada no processo de auto-transcendência e autoconhecimento, que pode contribuir muito para que você entenda o porquê se enxerga de determinada maneira. É preciso mudar o padrão de interação com as pessoas, e a terapia ajuda muito nisso.

Contudo, é importante buscar um bom terapeuta, que possua valores bem definidos que possam corresponder aos seus valores.[42]

Fortaleça sua espiritualidade (seu relacionamento com Deus)

Essa dica é muitíssimo importante, pois existem feridas e vazios que apenas Deus poderá curar dentro de você. Importante é cultivar uma constante vida de oração: uma mulher que reza mais, amadurece mais e pode alcançar uma cura profunda na maioria de suas feridas, enxergando a si mesma e a própria história à luz de Deus, buscando Nele a cura e a superação diante dos sofrimentos que atingiram sua vida.

Não obstante a forma como você se enxerga, apresento outra importante questão: Você já parou para pensar como Deus te vê? Foi Ele quem te criou. Nele – e somente Nele – reside a plena verdade acerca de sua verdadeira identidade e essência. *Não é o que as pessoas disseram a seu respeito nem os seus defeitos que definem você, mas sim o que Deus sabe, pensa e diz a seu respeito. A autêntica verdade sobre o que você é reside apenas em Seu coração!*

---

[42] O ideal é que seja um terapeuta que comunga da sua mesma fé.

Quem é você no coração de Deus? Quais foram os dons e belezas que Ele colocou em você ao criá-la?

Muitas vezes, a cura profunda de nossa autoimagem só poderá acontecer quando conseguirmos verdadeiramente nos enxergar como Deus nos enxerga, a partir da ternura e carinho de pai com o qual Ele compreende cada detalhe do que nos constitui.

Cada mulher tem uma beleza única, na alma e na aparência, e a isso precisa reconhecer e assumir. Cada mulher precisará valorizar o dom que é, o dom que Deus e a vida já lhe confiaram, sem se permitir subjugar pela busca de uma aparência ou identidade que nunca corresponderá à sua essência.

Para viver um concreto processo de cura e amadurecimento, cada ser humano precisará assumir as peculiaridades e belezas de sua origem, raízes étnicas e características pessoais. *Uma mulher não precisa viver comparando-se às outras — na aparência ou nas aptidões — visto que é única e tem dons e particularidades que estão presentes somente em seu coração.*

Cada mulher é um tesouro muito particular. Tenha hoje disposição para descobrir e desvendar este lindo território que é você! Saiba que seu coração irá se surpreender ao longo do caminho, encontrando virtudes e belezas que você sequer imaginava carregar.

Encerro este capítulo pedindo a você mais um exercício prático, que será dividido em duas etapas. Na primeira parte, você escreverá como se percebe hoje, com suas características, forma de ser etc. Após a escrita, você fará um desenho seu, da exata forma como hoje você se percebe e enxerga. Já na segunda etapa, você escreverá como Deus te vê (use toda sua intuição e os recursos de sua sensibilidade para isso), descrevendo a forma como Ele te enxerga e as coisas belas que Ele colocou em seu coração ao criá-la. Após essa descrição, você desenhará a si mesma a partir dos olhos amorosos de Deus (como a filha amada, cuidada e querida que Ele vê).

Esses exercícios possuem um propósito muito específico neste ponto de nosso itinerário de cura emocional, por isso seja fiel e empenhe-se em concretizá-los com atenção e fidelidade. Eles são simples, pontuais e terapêuticos, e poderão te oferecer uma visão mais ampla de como está o seu interior, e de quais são as realidades que você precisa ainda curar e melhor administrar nas janelas de sua alma.

Faça-os com afinco e dedicação, e não tenha receio de tocar nas realidades que se ocultam dentro de você. Lembre-se: só a verdade tem o poder de libertar plenamente, independentemente das cores e contextos com os quais ela venha a colidir em nossa história.

Prossiga decididamente nesta trajetória de curar sua história, trazendo à tona o seu melhor.

a) Como você se vê? Descreva suas características e personalidade.

_____

_____

_____

_____

_____

_____

_____

b) Desenhe-se agora, a partir da forma como você se enxerga:

c) Escreva como Deus te enxerga, com os dons e virtudes que Ele colocou em você ao criá-la.

_____

_____

_____

_____

_____

_____

_____

d) Desenhe-se agora a partir da forma como Deus a vê (como a filha que Ele criou por amor):

8. Resiliência e determinação: virtudes fortes do suposto "sexo frágil"

APÓS UMA BREVE PAUSA proposta pelo capítulo anterior, retomamos agora nosso caminho de reflexão sobre virtudes muito peculiares presentes no coração de cada mulher. Apesar de ter sido apontado por muitos(as) ao longo da História como "sexo frágil", percebemos no universo feminino algumas predisposições físicas, psíquicas e emocionais que *contradizem tal rótulo e injusta compreensão.* Sem querer generalizar ou colocar toda mulher em um mesmo "pacote", percebemos que a mulher acaba tendo uma melhor e maior capacidade de enfrentar o sofrimento, quando comparada ao homem.

Percebi isso desde muito novo, quando observava as reações do meu pai e as de minha mãe diante de doenças e dos problemas em geral. Eu percebia que meu pai sempre trabalhou muito, com firmeza e com uma sensata virilidade, realizando impecavelmente o ofício de provedor do lar; mas, diante de algumas formas de dor (como uma grave doença ou até uma leve gripe, por exemplo) ele se mostrava muito mais frágil e intolerante a este tipo específico de pressão do que minha mãe.

Minha mãe, mesmo doente, lavava roupa, preparava o almoço e ainda cuidava de três filhos ao mesmo tempo. Meu pai doente não conseguia manifestar o mesmo vigor, e ficava "nocauteado". Eu observava que ele possuía menos recursos internos (psíquicos e emocionais) para lidar com a dor, como se verificou na situação em que minha irmã foi diagnosticada com câncer com apenas cinco anos de idade.

Ele se fez presente e acompanhou minha irmã com muita presteza, dando o seu melhor em tudo, mas algumas coisas nessa situação superaram sua capacidade de reação e o fizeram sentir-se inabilitado para conduzir adequadamente esse desafiante contexto. Ele não sabia lidar com alguns aspectos dessa ardilosa circunstância, diferentemente de minha mãe, que naturalmente encontrou maiores e mais apropriados recursos internos para – não sem dor, é claro – acompanhar minha irmã e lhe oferecer os cuidados dos quais ela necessitava.

Minha mãe, obviamente, também sofreu muito e viveu momentos de completo desalento. Contudo, de forma instintiva e natural, ela conseguiu ser mais combativa que meu pai diante dessa situação, e encontrou um tipo diferente de força e determinação para enfrentar com este terrível sofrimento.

Como já foi evidenciado em capítulos anteriores, a mulher é submetida a processos de dor desde cedo, quando – por exemplo – experimenta a ruptura e descontinuidade hormonal ocasionada por sua menstruação.[43] Ela vai aprendendo desde cedo a lidar com a oscilação de humor e sensibilidade que – por vezes – o ciclo menstrual acrescenta, sentindo na própria pele transformações que evocam um processo de contínua ruptura e recomeço.

Antes da menstruação, as garotas passam por um período de verdadeira tensão (uma forma de turbulência e sofrimento), que é a conhecida tensão pré-menstrual (a famosa TPM), que pode influenciar o comportamento do corpo e das emoções, apresentando mais de 150 sintomas diferentes.[44] Irritabilidade, inchaço, mau humor, dores nos seios, instabilidade emocional, vontade incontrolável de determinada coisa (como comer doce, por exemplo), são alguns dos possíveis sintomas desse processo de transformação interna experienciado constantemente pelas mulheres.

Além dos sintomas comportamentais, a TPM também pode causar sintomas físicos como retenção de líquido, dores

---

[43] Para saber mais, acesse: www.todabiologia.com/saude/menstruacao.htm Acesso em 24.03.2017.

[44] O principal causador dessa verdadeira revolução é o hormônio chamado progesterona, que gera sintomas como inchaço, aumento de peso e dores nas mamas.

musculares, dores de cabeça, maior sensibilidade mamária etc., o que evoca excedentes físicos de sofrimento.

Em seguida, durante a menstruação, o corpo feminino experimenta uma espécie de renovação. Porém, como não houve fecundação, o útero torna-se pronto para desfazer toda a preparação realizada para receber o embrião e, assim, expulsa o óvulo não fecundado com a camada de sangue que era a sua proteção. Para que essa camada de sangue possa mais facilmente se desprender, o útero se contrai várias vezes no início da menstruação, assim gerando as famosas cólicas menstruais, o que não deixa de ser uma outra forma de sofrimento físico que alcança a mulher em questão.

O corpo feminino ainda possui a peculiar capacidade de enfrentar um parto, com todo o processo de dor e sofrimento que ele evoca. Durante a gravidez, uma mulher experimenta transformação e desconforto desde a concepção até o parto, visto que todo o seu ser vive um verdadeiro processo de modificação, que a faz – literalmente – tornar-se outra pessoa para gerar um outro alguém.

Aqui não estou afirmando que para a mulher seja extremamente fácil sofrer ou lidar com a dor, visto que essa é uma realidade desafiadora e exigente para qualquer ser humano. Todavia, não podemos negar que a natureza conferiu às mulheres uma maior "elasticidade interior" diante dos sofrimentos da existência, tornando-a mais intensa e forte para lidar com tais revezes da vida, de maneira mais combativa e menos superficial.

Recordo-me agora de minha adolescência. Neste período, tive um sério envolvimento com as drogas, o cigarro e o álcool por vários anos, dando muito trabalho aos meus pais e causando muito sofrimento à minha família. Fui expulso de escolas, times, e constantemente me envolvia em brigas e confusões na rua. Eu sempre chegava em casa de madrugada, extremamente alterado pelas drogas e pelo álcool. Sofri muito com este terrível vício e fiz muito minha família sofrer por vários anos.

Meu pai sempre tentou com muita honradez lidar comigo e encarar essa situação. Percebo que ele sempre buscou fazer o seu melhor. No entanto, reconheço que ele não teve muita estrutura interna para enfrentar essa circunstância, e acabou sendo um pouco evasivo diante do sério problema que minha situação evocava.

Tanto ele como minha mãe sofreram muito comigo, visto que eu cheguei a um estágio de vício e dependência terríveis, nos quais eu vivia usando drogas e ouvindo rock satânico por dias inteiros.

Meu pai era muito ausente, em virtude de seu trabalho que exigia que ele viajasse constantemente. Ele era caminhoneiro e estava sempre "na estrada", mas quando estava em casa – o que acontecia em poucos dias do mês – ele até tentava conversar comigo, mas percebo que – muitas vezes – ele não conseguia abordar essa situação com o posicionamento e a firmeza que ela requeria.

Às vezes ele era muito rígido e brigava demais, em outras vezes era permissivo (até um pouco omisso) e, na maioria das vezes, não conseguia lidar bem com esse sofrimento. Aqui não o quero culpar ou acusar – ao contrário, pois vi o quanto ele me amou, da forma como conseguiu, e buscou fazer o melhor que podia diante daquela atroz situação. No entanto, não posso negar que ele não encontrou os recursos internos para lidar adequadamente comigo nesta circunstância e que se manteve mais afastado, acompanhando de longe o desfecho da situação.

Minha mãe, a exemplo de muitas mães que criam seus filhos(as) sozinhas, precisou enfrentar essa luta praticamente só, assumindo-me e, mesmo em meio às suas batalhas do dia a dia, lutando por mim até as últimas consequências.

Muitas são as famílias que enfrentam esse tipo de problema de forma disfuncional, sem a presença do pai e/ou da mãe, mas apenas com a presença da mãe ou de uma avó etc. Em tal contexto o desafio fica ainda maior, e é precisamente em tais cenários que o poder de resistência e resiliência feminino tende a se evidenciar ainda mais, sendo um sustentáculo – uma base – para toda a família.

Mesmo que você possua uma família disfuncional e não tenha um esposo (ou até um pai) para ajudá-la, saiba que este não é um empecilho para que suas virtudes venham à tona e te fortaleçam, e que você pode, pela força das habilidades a serem desenvolvidas em você, conduzir sua família com sabedoria, firmeza e resiliência, conquistando resultados maravilhosos.

Sei que esse tipo de problema que eu vivi é difícil e extremamente desafiador para qualquer família (tanto para uma mãe quanto para um pai), mas percebo que minha mãe conseguiu enfrentar de forma diferente essa sórdida situação. Movida como que por um instinto interno, dona Bárbara acabou encontrando – não sem lutas e sofrimentos, é claro – muito mais recursos para enfrentar este contexto e para lidar comigo nesse sombrio período.

Minha mãe encontrou forças para não ser evasiva nem fugir do problema; ela lutou e me assumiu até as últimas consequências. A sensação é a de que emergiu de seu coração uma força profunda que nem ela sabia que tinha, a qual lhe possibilitou enfrentar a situação com firmeza, lutando por mim sem medir esforços para me restaurar.

Mesmo diante da ausência de auxílios externos, e com um sentimento de impotência surgindo em seu coração diante de minha situação, minha mãe conseguiu compreender que precisava enfrentar o problema. Ela entendeu que eu era, afinal, sua responsabilidade, e que seu coração precisava lutar por mim até o fim.

Minha mãe foi uma inquieta que tentou de tudo para chegar ao meu coração e me tirar daquela infeliz conjuntura. Em alguns dias ela me procurava para conversar e me aconselhar, em outros ela era mais enérgica, em outros ela brigava... Em alguns silenciava, em todos, rezava... Enfim, ela sempre estava tentando me tocar e libertar desse terrível vício, buscando me revelar que eu havia nascido para ser feliz e que podia superar tal realidade.

Aqui saliento que não existe receita pronta para enfrentar uma situação como essa, e que nem sempre se saberá exatamente o que fazer. Mas é preciso sempre tentar, ousar, lutar e não desistir, enfrentando o sofrimento com as armas certas, sobretudo com as armas da fé e da oração.

Minha mãe ia à escola quando havia algum problema e meus professores chamavam (houve muitos problemas), ia à polícia quando eu me envolvia em alguma confusão, rezava por mim todas as noites. Enfim, ela soube sair de sua zona de conforto para enfrentar – a seu modo – aquela situação, empreendendo suas energias e esforços para que eu pudesse enxergar a vida de forma diferente e então me libertar.

Tanto ela quanto meu pai me amaram e lutaram muito por mim, mas percebo que em minha mãe houve uma maior elasticidade emocional para lidar com este sofrimento, o que possibilitou que ela fosse mais firme para viver essa batalha com mais eficácia e combatividade.

Depois de alguns anos de vício, fui enfim restaurado, vivendo um forte e impressionante encontro pessoal com Deus em um retiro para jovens, através do qual consegui libertar-me dos meus terríveis vícios e iniciei um lindo processo de reconstrução humana, afetiva e espiritual.

Reconheço que tanto minha mãe como meu pai lutaram para que isso acontecesse; mas não nego que o empenho e força de minha mãe foram mais peculiares e constantes, revelando haver em seu coração uma força que nem ela sabia estar ali.

Toda mulher possui essa natural inclinação à resistência e à resiliência, as quais, é claro, não simplesmente preexistem sem qualquer empenho ou esforço. São virtudes de alguma forma já presentes, mas que precisarão ser constantemente estimuladas e cultivadas, para crescerem e se solidificarem em todo o seu alcance e potência.

Toda mulher possui um incrível potencial de resiliência em seu interior, e à tal virtude precisará ser estimulada a fim de que possa colher os inúmeros frutos de fortaleza, coragem e realização que dela derivam.

Mas o que é essa tal resiliência, que tem sido tão evidenciada em nosso tempo e que encontra um eco tão forte na alma feminina?

Essa belíssima virtude/capacidade foi emprestada de um conceito da Física, que ganhou grande importância como atributo pessoal no universo profissional e relacional. Usado para identificar aquelas pessoas que conseguem superar dificuldades e desafios, e se fortalecer partir das situações adversas, o conceito de resiliência sempre esteve ligado à capacidade de flexibilidade de objetos e materiais que voltam ao estado natural após sofrerem uma grande pressão, como é o caso da mola.

A palavra resiliência vem do latim *resilio, resilire*. Tal palavra[45] significa literalmente "saltar para trás", ou "voltar saltando". Ou seja, ela é o movimento que se faz de sair da zona de conforto: para trabalhar, desenvolver-se e lutar para superar uma dor ou alcançar uma meta e depois retornar ao estado natural. Como se fosse um elástico, que esticamos para amarrar alguma coisa e depois que usamos volta ao normal, a(o) resiliente desenvolve a elasticidade emocional para enfrentar as tempestades da vida e depois voltar ao seu estado natural.

---

[45] De acordo com os dicionários Faria, 1967 e Saraiva, 2000.

A resiliência, além de ser um substantivo feminino, evoca essa capacidade de se recobrar ou se adaptar às mudanças e imprevistos da vida. *Gosto de compreender tal virtude como uma intensa capacidade de resistência diante do sofrimento, e como uma verdadeira flexibilidade/elasticidade emocional para lidar com problemas e tensões, sem ser arrastado(a) ou dominada(a) por eles.*

Ser resiliente é procurar enfrentar os problemas, encontrando recursos para resistir à pressão e ao estresse que tais situações trazem à tona dentro e fora de nós, e isso sem perder o rumo e o prumo a ser seguido diante de cada realidade.

A mulher que potencializa essa habilidade em si aprende a se dobrar com humildade diante das tempestades, sem permitir que a força do vento a quebre inteiramente. Ela aprende a se dobrar sem se quebrar... cultivando uma dinâmica capacidade de adaptação a novos contextos e cenários existenciais, superando antigos apegos com um desejo sincero de fazer a vida prosseguir, independentemente das perdas e dores.

Para cultivar tal habilidade, é necessário se abrir ao exercício de outras virtudes similares, esforçando-se para crescer também em outras áreas da vida. A resiliência exige uma constante abertura à criatividade, que pode nos levar a encontrar soluções novas e inteligentes, mesmo diante de desafios complexos e de poucos recursos.

A vivência de tal virtude pedirá uma sincera flexibilidade diante das situações, a fim de que não entremos em colapso psíquico e emocional quando as coisas fugirem de nosso controle e não saírem conforme havíamos planejado. Nem sempre a vida terá "as cores que a gente pinta", e nem sempre as coisas acontecerão da maneira como desejamos e planejamos.

Não temos o controle sobre tudo (sequer sobre nós mesmos) e, em muitas circunstâncias, precisaremos cultivar a humildade e a resiliência para saber nos desprender de antigas ideias para nos readaptar, e assim nos reinventar.

A(o) resiliente precisará ser combativa(o) na direção de suas genuínas metas, procurando solucionar seus verdadeiros problemas, ao invés de fugir deles, elegendo inúmeros culpados(as) para os insucessos.

Essa é uma virtude linda e necessária para nossa verdadeira felicidade, visto que não pode existir uma vida que aconteça sem imprevistos, problemas e dificuldades.

Essa belíssima habilidade encontra um eco muito significativo no universo feminino, que manifesta uma espécie de predisposição para desenvolver tal realidade. A mulher possui uma distinta grandeza de alma, que faz com que ela não tenha medo de se sacrificar pelo bem daquilo – e daqueles(as) – em que ela acredita. Em muitos casos, seu coração consegue nobremente se sacrificar pelo bem do(a) filho(a) e da família, esquecendo-se de si para cuidar de outros(as) que dela necessitem.

Reafirmo que, por mais que a predisposição para essa virtude esteja presente na maioria das mulheres – por sua própria constituição psíquico-biológica, que as leva a desenvolver uma maior elasticidade emocional – esta linda capacidade precisará ser sempre estimulada e impulsionada interiormente. Afinal, essa é uma virtude que exige "treino", evocando uma concreta disciplina para que se torne forte e consistente dentro de cada coração feminino.

Em uma entrevista cedida ao site da revista Exame,[46] o diretor executivo de uma importante empresa do ramo editorial, Yuri Keiserman, que elaborou um importante teste organizacional para avaliar o potencial de resiliência em profissionais,[47] ressaltou que essa habilidade precisa ser constantemente despertada em todas as pessoas[48] de nosso tempo, em virtude dos altos níveis de cobrança por resultados e das inúmeras exigências presentes nas empresas e na vida em geral.

O teste por ele elaborado (apresentado na entrevista) tem como base uma escala de fatores – chamados "pilares" – que contribuem para um comportamento potencialmente mais resiliente. Com base nesses pilares evidenciados na entrevista, apresento agora uma lista com onze importantes posturas/capacidades a serem cultivadas para a conquista da resiliência, as quais são degraus essenciais para desenvolver e potencializar essa virtude em nós:

---

[46] http://exame.abril.com.br/carreira/11-comportamentos-essenciais-para-ser-mais-resiliente/ Acesso em 24.03.2017.

[47] A EPR: Escala dos Pilares da Resiliência.

[48] Sobretudo naquelas que enfrentam a dinâmica da gestão de relacionamentos e o contexto desafiador do mercado de trabalho.

Encarar mudanças e dificuldades como oportunidades

É uma postura de aceitação positiva da mudança, compreendendo que mudanças e problemas são uma oportunidade única de crescimento para cada um de nós. As adversidades enfrentadas sempre portam a possibilidade de nos fazer avançar, acrescentando-nos maturidade e novos conhecimentos.

Estimular a autoconfiança

É o comportamento relacionado à segurança que vamos conquistando para encarar as diversas situações que se apresentam diante de nós. Para a aquisição de tal competência, faz-se necessário o ingresso em um processo de autoconhecimento e cura interior, que nos fará perceber as coisas boas que já existem em nós e as realidades que em nosso coração ainda precisam ser curadas e trabalhadas, a fim de que possamos confiar mais em nós mesmos.

É preciso gastar tempo e energias na busca sincera de cura para as feridas de nossa história,[49] que acabam nos atingindo e fragilizando a confiança que temos em nossa possibilidade de

---

[49] Para um maior aprofundamento e para o ingresso em um concreto caminho de cura interior, leia o livro *Curar-se para ser Feliz* (Editoras Petra e Canção Nova) e *Conquistando a Liberdade Interior* (Editoras Planeta e Canção Nova).

superar e vencer. Assim, poderemos exercer a autoconfiança, tornando-nos mais resilientes e alcançando melhores resultados.

Cultivar o bom humor

Para desenvolver a resiliência é necessário cultivar a capacidade de usar o humor para lidar com momentos de tensão e estresse. As pessoas que têm bom humor se esforçam para tornar o ambiente mais leve em situações difíceis e, com isso, obtêm melhores resultados. Elas sabem descontrair em meio à tempestade, sem se permitir "engolir" pela avalanche de estresse e negatividade presente nos sofrimentos e conflitos.

Trabalhar as crenças de capacidade (autoeficácia)

Esse aspecto refere-se à percepção que temos de nossa própria capacidade.

Para isso, será necessário se empenhar para descobrir os próprios dons e virtudes, desenvolvendo a capacidade de crédito em nossa própria competência, para enfim nos percebermos aptos a realizar determinadas realidades.

Quando nos sentimos incapazes diante dos obstáculos da vida, corremos o risco de nos autossabotar, por crer que não somos bons o bastante para sermos valorizados e superarmos nossos limites. De tal forma, as algemas que nos prendem não estão em nossos braços ou pernas, mas em nossa mente, ou seja, na compreensão negativa que projetamos internamente a respeito do que somos capazes de realizar.

Será preciso curar tal realidade pela força da oração, pois há coisas que só Deus poderá fazer, a fim de nos vermos de maneira mais positiva, sentindo-nos mais capazes diante da existência. Muitas vezes podemos até não ter um potencial elevado de inteligência, por exemplo, mas se não desenvolvermos o senso de autoeficácia (sentindo-nos mais capazes), poderemos nos sabotar e impedir que nossas reais capacidades se desenvolvam e venham à tona.

Buscar o equilíbrio na administração e expressão das emoções

Ataques de ira são sinal de um coração inflexível, que se sente terrivelmente atingido quando as coisas não saem como ele havia pensado ou planejado.

Uma reação desproporcional diante de um problema revela uma falta de resiliência. O controle emocional nos permite agir com mais calma e equilíbrio sem perder o foco: quem tem autocontrole consegue expressar adequadamente suas emoções, sem exageros ou emotividade excessiva, o que lhe permite enfrentar melhor as situações adversas.

Cultivar a capacidade de empatia

Manter um comportamento resiliente pede uma boa dose de empatia, ou seja, de saber "se colocar no lugar dos outros". Quando agimos assim, dilatamos nosso coração e compreendemos que outras pessoas perto de nós também enfrentam lutas e problemas iguais ou superiores aos nossos. Tal comportamento é essencial para minimizar e solucionar conflitos, segundo vários especialistas.

Nos ambientes nos quais convivemos, as relações podem ficar desgastadas, porque são intensas e frequentes; por isso a importância da empatia é extrema, a fim de podermos compreender as pessoas com flexibilidade emocional, acolhendo a verdade que elas expressam em cada circunstância.

Romper com as dependências (conscientes ou inconscientes)

Essa atitude significa cultivar uma forma saudável de autonomia. Pessoas autônomas não se isolam, mas também não são dependentes da aprovação e do afeto dos outros para desenvolver suas atividades e projetos. É o saber estar com as pessoas, sem permitir-se aprisionar por elas dependendo de sua constante "aprovação" para ser feliz.

Cultivar a virtude da esperança

Isso significa viver uma orientação positiva para o futuro,[50] ou seja, ter esperança no que está por vir, e não se desesperar diante de momentâneos fracassos. Uma ótima sugestão é cultivar uma esperança que esteja alicerçada na fé, um fundamento perfeito para todo ato de esperar que nos "faz crer no que ainda não vemos" (Cf. Hb 11,2). Essa esperança nos leva a acreditar no cuidado de Deus para conosco; Ele está junto a nós e sempre pode tirar algo bom de tudo o que nos acontece quando caminhamos com Ele.

Capacidade meditar e refletir, aprendendo com as circunstâncias

Ter a capacidade de analisar e refletir quando o mundo está desabando ao nosso redor é um dos pilares que apoiam uma atitude resiliente. Geralmente, pessoas assim conseguem encontrar as melhores soluções para os problemas, sem se desesperar ou serem dominadas pela ansiosa agitação diante dos conflitos e adversidades.

---

[50] Segundo a EPR.

Capacidade de interagir positivamente (sociabilidade)

É a capacidade (muitas vezes, o esforço) de construir bons relacionamentos, que sempre são um sustento emocional diante de angústias e sofrimentos.

Quem cultiva essa característica consegue criar vínculos mais estáveis com os outros e desenvolve uma sociabilidade que sabe tanto apoiar as pessoas, como se permitir ser apoiado por elas.

Cultivar bons valores e se deixar guiar por eles

Isso é importantíssimo! Pessoas que seguem seus valores e princípios acabam sendo mais resilientes, sobretudo quando os valores são bons e consistentes, tais como os propostos pelo Evangelho, por exemplo.

Ter princípios sólidos que orientem nosso comportamento é essencial para sermos capazes de resistir às ventanias, conquistando flexibilidade para aprender com as dores, encontrando força para superar os desafios apresentados pela existência.

Essas são modestas dicas que nos ajudam a edificar interiormente a virtude da resiliência, realidade que deve ser perenemente estimulada no universo de nosso comportamento e emoções, a fim de que se torne uma postura natural a nos acompanhar ao longo da vida.

Querida leitora, saiba que você pode ser forte e constante construindo sua vida com resiliência, a fim de que seu coração se torne apto a receber as conquistas e vitórias que a vida já lhe reservou. Mas, para isso, você precisa construir-se com atitudes inteligentes, que te levem a persistir na direção de seus verdadeiros objetivos e na restauração de seus genuínos sonhos, sem estacionar em suas feridas e sofrimentos passados.

Jamais cogite a possibilidade de desistir de você, independentemente de seus desafios e contextos. Tenha clareza de quem você é e de onde quer chegar e, diante dos insucessos, busque remédios salutares que te ajudem a enfrentar as dificuldades com persistência, desenvolvendo ferramentas eficazes para integrar em seu coração aquilo que você não pode mais mudar.

Não permaneça estacionada nos "nãos" que a vida e as pessoas te disseram: vá em frente, lute, recomece, conquiste! *A capacidade para viver com resiliência já está dentro de você, e você é, sim, capaz de se reinventar e se superar a cada dia. Não desista de seus sonhos e prossiga com confiança o seu caminho!*

O Criador que lhe confiou essa profunda capacidade de persistir e superar caminha contigo, para te levantar em suas quedas e te fortalecer em cada uma de suas batalhas. Nunca desista de lutar por aquilo em que você acredita, pois suas lutas serão recompensadas com vitórias consistentes e singulares!

> Desistir...
> eu já pensei seriamente nisso,
> mas nunca me levei realmente a sério;
> é que tem mais chão nos meus olhos do que o cansaço nas minhas pernas,
> mais esperança nos meus passos,
> do que tristeza nos meus ombros,
> mais estrada no meu coração do que medo na minha cabeça...
> (CORA CORALINA)

Oração

Agradeço, Senhor, pela linda capacidade de persistir e superar que o Senhor já depositou em meu coração.

Obrigada, porque Tua mão poderosa me sustenta e me possibilita construir minha história com resiliência, sem me deter nas pedras do caminho.

Peço que o Senhor cure em mim as feridas que os combates da vida deixaram em minha história, e dai-me a graça de enxergar todas as situações com esperança.

Fortaleça em mim a virtude da resiliência e dai-me a humildade necessária para eu saber me dobrar diante das tempestades, sem acreditar que meu jeito de pensar e meus "esquemas" precisam ser sempre soberanos.

*Ensina-me a ser forte e a me alimentar de Ti e de Tua pala-
vra, Senhor.*

Ensina-me a perdoar e a virar a página quando necessário.

*Que meus olhos estejam sempre fixados em Teu amor, e que
a fonte da minha força tenha origem no infinito afeto do Teu
sagrado coração.*

*Que eu não fique buscando culpados e desculpas para meus
erros e sofrimentos, Senhor. Faz-me forte e persistente, e dai-me
um coração que não estacione nas angústias e perdas do passado.*

*Sei que posso ir mais longe e que posso me tornar a mulher
que o Senhor sonhou. Dai-me Tua força e ressuscita em mim a
alegria e a fortaleza que são dons do Teu Espírito.*

*Eu aceito o Teu projeto de felicidade para mim e quero em
tudo fazer a Tua vontade. És o meu único Senhor e a única fonte
da minha força.*

Amém.

9. Facilidade de conexão com o Sagrado: forte espiritualidade, valorosas intercessoras

ROSSEGUINDO NESTE FRUTUOSO PERCURSO de descobrir e potencializar as virtudes presentes na alma feminina, crendo que este é um caminho de cura e regresso a uma feminilidade saudável segundo os planos do Criador, chegamos agora a um ponto muito importante, no qual iremos ressaltar uma realidade que se percebe, com alguma exatidão, ao contemplar a vida e o comportamento das mulheres. Tanto partindo da revelação bíblica como da observação prática, facilmente se percebe que a mulher possui uma grande capacidade de se conectar com Sagrado e viver uma vivaz espiritualidade: sua fina sensibilidade permite que seu coração perceba e decodifique com mais intensidade a presença de Deus nos fatos e cenários de sua história.

A percepção feminina tem uma maior sagacidade em transitar pelos caminhos do coração, por enredos nos quais o "invisível" possa ser sentido e a fé se torne uma bússola a conduzir os passos em meio às penumbras da vida. Ela possui uma maior simplicidade para construir relacionamentos e conexões, como também para senti-los com uma percepção espiritual que vai além do facilmente observável.

A mulher consegue sentir Deus e reconhecer sua presença com mais perspicácia. Sua distinta e desenvolta sensibilidade lhe confere uma abertura maior para construir "laços" com as realidades que moram na alma, e não apenas nas coisas empíricas e práticas.

Quando observamos os enredos da Sagrada Escritura, percebemos que as mulheres possuem uma grande força de intercessão diante de Deus, além de encontrarem com facilidade – como sinalizaram vários textos bíblicos – o caminho de acesso para o Seu divino coração.

Na maioria das circunstâncias, o coração feminino possui uma menor autossuficiência e, justamente por isso, consegue reconhecer com mais facilidade – salvo algumas exceções – a própria fragilidade e necessidade do auxílio divino: elas encontram uma menor resistência em perceber que precisam de Deus para superar seus medos e dificuldades, reconhecendo que necessitam de Seu olhar para enfrentar com mais fortaleza as tempestades da vida.

Tal realidade possibilita que a mulher construa um relacionamento mais direto e íntimo com Deus, edificando uma conexão mais profunda e sensível com a vida espiritual.

Não precisamos ir longe. Por observação prática, sem dificuldade se percebe que de 70 a 80% das pessoas que enchem as igrejas em celebrações ou cultos são mulheres, e que elas aderem muito mais naturalmente à espiritualidade, compreendendo que lhes faz bem cultivar um contato constante com Deus.

As mulheres têm uma maior inclinação a perceber a espiritualidade como um verdadeiro relacionamento, o que faz jus a uma das mais belas interpretações deste conceito (espiritualidade) que o apresenta como uma verdadeira e constante relação. Espiritualidade nada mais é do que um relacionamento, uma construção interativa composta por iniciativas de ambos os lados. E a mulher, justamente por ter uma maior elasticidade relacional, por pensar, sentir e enxergar a realidade com uma carga maior de sensibilidade e emoção – o que é próprio ao seu natural processo químico/hormonal – tem uma maior propensão para construir um verdadeiro relacionamento com Deus, tornando-se mais conectada aos apelos e indicações de Seu divino coração.

A alma feminina transita com mais desenvoltura pelas estradas da espiritualidade, tanto que no mundo antigo (sobretudo, no Oriente Médio) a educação religiosa e espiritual era uma tarefa delegada especificamente à mãe. Ao pai cabia a educação para as coisas do corpo (trabalho, manuseio de ferramentas etc.), enquanto a educação da alma era tarefa da mãe, justamente por sua maior inclinação a uma conexão relacional com Deus, o Sagrado por excelência.

A mulher expressa sua espiritualidade através de sua conexão espiritual com Deus, mas também por meio de uma inventividade interior, que se manifesta através do inquieto desejo de ir além dos limites e precariedades da vida, superando as mazelas existenciais e transcendendo os sofrimentos impostos pela existência.

Na literatura universal, encontramos relatos que comunicam – ainda que de forma intuitiva ou indireta – essa realidade, revelando o coração feminino como um espaço no qual causas nobres podem se conjugar, levando a mulher a não se acomodar diante das injustiças e desfavores de cada circunstância. Tais realidades sinalizam que em sua alma há um constante desejo de transcender a dor, superando angústias e praticando uma verdadeira "ascese" diante dos enredos de sua história.

Isso também pode, em meu ponto de vista, ser definido como uma forma de espiritualidade que faz a alma feminina ascender, em um esforço de não conformismo diante dos dissabores e do mal que desejam destruir a beleza e equidade dos dias.

Obras como as de Jane Austen,[51] na Inglaterra, por exemplo, revelam a força da mulher que é capaz de superar os julgamentos e definições de uma sociedade marcada por inúmeros preconceitos, transcendendo aos rótulos com princípios que a conectam a realidades que estão além do facilmente observável.

---

[51] Escritora inglesa do século XIX, autora da célebre obra *Orgulho e Preconceito*, dentre várias outras.

Na poesia de mulheres fortes, como a goiana Cora Coralina, percebemos a alma feminina transcendendo os limites do tempo e buscando, em um esforço de constante superação, conectar-se a nobres valores e a uma visão que a liberte da dureza das limitações da vida. Ainda que sem mencionar realidades palpavelmente religiosas, Cora apresenta um caminho de ascese e, de certa forma, de encarnada "espiritualidade" ao fazer com que o olhar de seus leitores transcenda os infortúnios de suas histórias, galgando uma maturidade e superação que levem o coração a compreender a existência de forma superior, mais profunda e – porque não – espiritual.

No poema abaixo, "Aninha e suas pedras", nossa poetisa revela uma feminina intuição que deve perpassar nossa luta de cada dia, a de que a vida é um livro aberto que poderá sempre ser rescrito, sem ser definido por quaisquer derrotas e tristezas que tenham sido escritas em páginas anteriores.

> Não te deixes destruir (...)
> Recria tua vida, sempre, sempre.
> Remove pedras e planta roseiras e faz doces.
> Recomeça.
> Faz de tua vida mesquinha
> um poema.
> E viverás no coração dos jovens
> e na memória das gerações que hão de vir.
> Esta fonte é para uso de todos os sedentos.
> Toma a tua parte.
> Vem a estas páginas

e não entraves seu uso
aos que têm sede[52]

Aninha, a quem a poetisa se dirige, pode aqui simbolizar a mulher e sua alma positivamente inquieta, que luta para sempre transcender-se e superar o que deseja confiscar sua esperança. Cora prossegue, com um outro poema endereçado a Aninha (nome que aqui talvez represente o seu), expressando a força de alma e o desejo de superar as dores e tragédias da vida presentes nos corações femininos.

OFERTAS DE ANINHA
Eu sou aquela mulher
a quem o tempo
muito ensinou.
Ensinou a amar a vida.
Não desistir da luta.
Recomeçar na derrota.
Renunciar a palavras e pensamentos negativos.
Acreditar nos valores humanos.
Ser otimista. (...).
Creio na solidariedade humana.
Creio na superação dos erros
e angústias do presente. (...)
Aprendi que mais vale lutar
do que recolher dinheiro fácil.
Antes acreditar do que duvidar[53]

[52] Extraído de http://escolaeducacao.com.br/melhores-poemas-de-cora-coralina/ Acesso em 30.01.17.

[53] Ibidem.

Essas descrições lúdico-literárias nos comunicam muito sobre essa espiritualidade presente em cada mulher, que pode também se expressar como uma inquietude capaz de transcender o sofrimento que busca nos limitar, evidenciando um sentido positivo e repleto de esperança para cada realidade.

Como certa vez afirmou Cecília Meireles: "Aprendi com a primavera a deixar-me cortar e voltar sempre inteira...". Assim é o coração feminino, que possui uma beleza peculiar que o faz espiritual o bastante para enfrentar a realidade com a alma resoluta, recrutando forças para enfrentar os embates de cada dia com uma linda capacidade de aprendizado e superação. E isso, sem dúvida, é uma distinta espiritualidade.

A literatura bíblica também apresenta belíssimos exemplos de mulheres que, agora no sentido mais direto do termo, viveram uma profunda espiritualidade, ou seja, um intenso e constante relacionamento com Deus. Os Evangelhos revelam a profunda conexão que algumas mulheres foram capazes de estabelecer com Jesus, Deus encarnado e revelado na História. São mulheres que conseguiram extrair confissões e ações belíssimas de Seus lábios e coração.

Em Mateus (15,21-28) o autor sagrado apresenta a história de uma estrangeira (uma cananeia) que, num primeiro momento, foi seriamente ignorada e repreendida, mas que, sem parar em tal circunstância, foi capaz de transformar a compreensão através da qual o Nazareno percebia a presente realidade.

A citação apresenta a cena dessa estrangeira abordando Jesus, gritando e pedindo que Ele curasse sua filha que estava cruelmente doente e atormentada. Ela implorou o Seu auxílio, e não teve vergonha de reconhecer sua necessidade (sua "fraqueza") e lhe expor o seu terrível sofrimento.

Contextualizando esse fato, percebemos que essa era uma mulher siro-fenícia, que vinha das regiões de Tiro e Sidom, localizadas onde atualmente é o Líbano, ao norte da Galileia. Desde os dias do Imperador Romano Pompeu (64 a.C.), a Fenícia estava anexada à Síria, um país enorme e que por anos havia incomodado e prejudicado o povo judeu, o povo de Jesus.

No passado, os reis de Tiro haviam feito uma aliança com os reis judeus Davi e Salomão (dos quais Jesus descendia), através da qual eles enviariam madeira e mão de obra especializada para construção do templo de Jerusalém e, em contrapartida, Salomão enviaria para o rei Hirão e seus sucessores mantimentos e cereais, dos quais a população de Tiro precisava.

As consequências deste acordo foram catastróficas para o povo de Israel, pois Etbaal, sucessor do rei Hirão, fez uma aliança com Israel através do casamento de sua filha Jezabel com o rei israelita Acab. Jezabel, por sua vez, introduziu a idolatria (o culto ao deus pagão Baal) entre os israelitas, o que contradizia veementemente a lei judaica – tanto no sentido religioso como civil.

Essa infidelidade gerou consequências terríveis para o povo, e desembocou na futura destruição do templo de Jerusalém e nos cativeiros (deportação) para a Assíria e Babilônia.

E, assimilando o contexto histórico e cultural envolvido nesta citação, compreendemos que essa mulher cananeia pertencia justamente àqueles povos que trouxeram tanto sofrimento ao povo de Jesus. Talvez isso justifique o inicial silêncio e a aspereza Dele diante da súplica que ela lhe apresentou.

Na narrativa, nenhum motivo claro é apresentado; porém, esses fatores históricos, étnicos, religiosos e políticos forneciam muitas razões para que um judeu pudesse ignorar uma mulher como essa, que viesse de Tiro e Sidom. Simplesmente não havia comunicação ou qualquer ligação entre esses dois povos, havendo uma verdadeira barreira cultural e psicológica entre eles como, infelizmente, é ainda muito comum nesta região até hoje, na qual alguns povos são inimigos históricos e não têm nenhum tipo de relacionamento ou diálogo entre si.

Aquele silêncio do Filho do carpinteiro, talvez, foi como que uma resposta mostrando a imensa barreira psicológica que os separava e que impedia que ela viesse abordá-lo daquela forma – como era comum ao pensamento da época. Um cananeu, ainda mais uma mulher cananeia – as mulheres, infelizmente, eram profundamente menosprezadas em tal período – jamais poderia abordar um judeu daquela forma. Isso era inviável, impensado e não era "politicamente correto" naquela circunstância.

É claro que aqui estou evidenciando os contextos culturais e humanos daquela época, e que Jesus – como Deus – estava acima desses preconceitos e percepção. Contudo, nesta narrativa o texto parece deixar transparecer que, a atitude e reação de Jesus pareciam sinalizar que ainda não havia chegado o tempo de Deus atender e curar os pagãos (o povo não judeu). Sua atitude de aparente desprezo para com a nossa protagonista parece demonstrar que não estava nos "planos divinos" intervir com um socorro a um não judeu naquele momento da História, tanto que Ele respondeu duramente a esta mulher: "Não está certo tirar o pão dos filhos, e jogá-lo aos cachorrinhos...".

Desse modo Ele estava dizendo, nas entrelinhas, que os judeus deveriam se alimentar primeiro, para depois poderem dar de comer ao povo que não fazia parte de sua aliança com Deus. E ela, justamente por ser uma siro-fenícia – pertencente ao povo que não cria no Deus bíblico nem aguardava a vinda do Seu Messias – deveria ao longe esperar.

Foi uma reposta dura, e aparentemente indelicada. Nossa protagonista não estacionou nessa negativa e, com a mesma determinação de antes, respondeu a Ele: "Sim, é verdade; mas também os cachorrinhos comem as migalhas que caem da mesa de seus donos...".

Diante de tal resposta e demonstração sincera de perseverança e fé, a compreensão e o coração do Filho de Maria dilataram-se, ao que Ele respondeu: "Mulher, é grande a sua fé! Seja feito como você quer". E a narrativa segue dizendo que "desde aquele momento a sua filha ficou totalmente curada".

A insistência, a fé e a perspicácia dessa mulher foi, segundo o que sinaliza o texto, capaz de modificar os planos que o próprio filho de Deus reservava para aquela ocasião, alterando uma compreensão histórica que estava profundamente enraizada naquela cultura. Ela conquistou o coração de Jesus e alcançou o que parecia pouco provável para aquela circunstância, a intervenção de Deus curando e libertando a sua filha que era uma pagã.

Sua espiritualidade – sim, uma espiritualidade manifesta na clara percepção da divindade de Jesus – e determinação construíram um espaço de conexão com o coração do Messias ali presente, e extraíram Dele realidades realmente impensadas e inusitadas para aquela ocasião.

Talvez ela tenha adiantado o tempo de certas realidades começarem a acontecer na História, tocando e mudando o coração do próprio Deus. Isso pela força de sua forma peculiar de se conectar com aquilo que o Sagrado revelava, intuindo que Deus presente naquele homem poderia ouvi-la e transformar a realidade que tanto lhe fazia sofrer.

Este é um lindo relato que nos sinaliza essa perspicácia presente na alma feminina, manifestando-se com uma virtude que a faz conectar-se com mais facilidade a Deus através da vivência de uma verdadeira espiritualidade. Essa mulher acessou o coração de Jesus pela força de sua intuição e perseverança, e Dele recebeu benefícios verdadeiramente impossíveis para aquela ocasião e contexto.

A Escritura também nos apresenta outras belíssimas histórias, em circunstâncias diferentes, que também nos revelam a presença e ação de várias mulheres construindo e vivendo essa profunda conexão com Deus. Dentre as muitas narrativas que aqui eu poderia enfatizar, quero agora apresentar a linda saga da rainha Ester,[54] que foi uma grande intercessora e salvou o seu povo de uma total ruína pela ação de sua versátil espiritualidade.

---

[54] Livro de Ester, do Antigo Testamento da Bíblia cristã.

Essa é uma história simples, porém, profunda e rica de significado. Por mais que você já conheça ou já tenha ouvido, aqui me atreverei a novamente contá-la, pois esse relato poderá nos oferecer muitos ensinamentos acerca do tema proposto por este capítulo.

Ester era uma jovem órfã, filha de Abiail. Ela era uma moça judia exilada na Pérsia, e assim como todos de seu povo – os judeus – fora deportada para o território sob o domínio do Império Persa. Ela foi criada e educada por seu primo Mardoqueu.

No texto bíblico, ela é descrita como uma mulher de notável beleza, tanto que foi contada entre as mais lindas e formosas de todo o reino. Seu livro também enfatiza a sua bravura e a lealdade para com o seu povo, que muito padeceu em terra estrangeira.

Certo dia, o rei da Pérsia realizou uma festividade para o povo na fortaleza de Susã. Enquanto ele dava um banquete para homens, sua esposa, a rainha Vasti, oferecia um banquete às mulheres na casa real. Em um determinado momento, o rei Assuero mandou chamar sua rainha, ordenando que ela entrasse em sua presença usando a coroa real.

A rainha se recusou a cumprir tal ordem, porque, muito provavelmente, implicava em alguma situação muito desonrosa para ela diante de todos os presentes.

Com a recusa da rainha, o que representava uma grande falta passível de punição pública, Assuero a destituiu do posto imediatamente. Passados alguns dias, o rei convocou – segundo o costume da época – várias moças de boa aparência que havia em seu reino, e Ester estava entre essas jovens.

Ela logo conquistou a afeição da corte e foi submetida a um tipo de tratamento de beleza durante alguns meses, para depois ser apresentada ao rei.

Passado este período, Ester foi conduzida à presença do rei. As jovens eram levadas ao rei e depois não retornavam mais a ele, exceto se o rei posteriormente a escolhesse e a chamasse pelo nome.

Isto foi o que aconteceu com Ester. "O rei a amou mais do que todas as mulheres, e ela alcançou perante ele favor e benevolência mais do que todas as outras" (Est 2,17). Assim, essa jovem judia foi coroada rainha no lugar da antiga rainha. Foi feito um lindo banquete para celebrar sua coroação. Após se tornar rainha, ela passou a viver no palácio em Susã.

Passado algum tempo em seu exercício como rainha, nossa protagonista foi informada acerca de um sórdido plano de Hamã, conhecido como o agagita, um importante príncipe do império, que resolveu eliminar todos os judeus presentes no reino. Ele tomou essa resolução em virtude de algumas contendas e desencontros envolvendo alguns judeus que não o reverenciavam como ele desejava.

Hamã, muito provavelmente, descendia do povo amalecita (ou amalequita), que eram inimigos históricos e mortais dos judeus. A narrativa sugere que ele se aproveitou de sua posição como autoridade, para praticar o extermínio da etnia que ele e seu povo odiavam havia séculos.

Mardoqueu, primo de Ester, contou a ela o terrível plano de genocídio que o citado príncipe persa estava prestes a executar, e lhe pediu para interceder perante o rei.

A rainha Ester sabia que não podia entrar na presença do rei sem que fosse chamada, pois isso significaria – segundo as leis e regimentos da época – colocar sua própria vida em risco. Então, seu primo fez com que ela se atentasse ao fato de que Deus, de forma providente e perspicaz, com certeza propiciou que ela pudesse agora estar exatamente em uma posição privilegiada, de onde pudesse interceder em favor de seu povo.[55]

Até aquele momento, o rei não sabia que Ester era de origem judaica; assim, ele não sabia que havia permitido o extermínio do povo de sua rainha.

Diante dessa situação extremamente delicada, nossa protagonista convocou todos os judeus a jejuarem e a rezarem durante três dias por essa situação, pois ela agiria contra a lei vigente e entraria na presença do rei.

Passados esses dias, ela se arrumou lindamente, vestiu seus trajes reais e entrou no pátio interior da casa do rei. Assuero, assentado em seu trono, viu-a parada no pátio e estendeu o cetro de ouro que tinha na mão em favor da rainha, permitindo que ela se aproximasse.

O rei perguntou o que ela queria e Ester, agindo com muita sabedoria, apenas o convidou juntamente com o príncipe Hamã para participar de um banquete que ela havia preparado. Na

---

[55] Est 4,14.

ocasião do banquete, Ester solicitou permissão para preparar um segundo banquete no dia seguinte.

No segundo banquete, essa sábia mulher revelou ao rei que ela era uma judia, e que todo o seu povo estava sentenciado à morte. Ester também contou que o príncipe que com eles deleitava-se no banquete era quem tinha tramado toda aquela atrocidade.

O rei ficou muito furioso e deixou o banquete, indo para o jardim do palácio. Hamã, compreendendo a gravidade da situação e intuindo que sua vida estaria em risco, resolveu permanecer ali para suplicar pela própria vida à rainha Ester.

Quando o rei retornou à casa do banquete, encontrou Hamã caído sobre o divã de Ester. Aquela foi uma violação irreversível do protocolo real vigente, pois o rei entendeu que o príncipe havia tentado violentar a rainha: "Porventura quereria ele também forçar a rainha perante mim nesta casa?" (Est 7,8).

Quando o rei exclamou essas palavras, logo os servos da corte entenderam que o ardiloso Hamã fora sentenciado à morte.

Assim, através da forte espiritualidade de Ester, de seu preparo no jejum e na oração, o que lhe conferiu sabedoria e lhe deu as palavras e a pedagogia certas, de sua intercessão e perspicácia, todo um povo foi poupado da morte e o bem pode novamente florescer na vida de inúmeras famílias.

Devido a todo este acontecimento de libertação envolvendo a rainha Ester, foi estabelecida a festa judaica de Purim, como uma celebração permanente, a qual é comemorada pelos israelitas até os dias de hoje.

A sabedoria dessa rainha se manifestou justamente na atitude de cultivar sua espiritualidade e sua capacidade de intercessão diante de Deus e dos homens, rezando e se preparando espiritualmente antes do combate. Em virtude de ela assim ter agido, seu êxito e resultados não poderiam ser diferentes.

Saiba que é assim também na sua vida, querida mulher: você não imagina o poder e o alcance de sua oração e intercessão; elas podem te conferir uma sabedoria e uma força muito especiais, fazendo-a chegar aonde você não poderia sozinha. Sua espiritualidade e oração podem realizar verdadeiros milagres em sua vida e na vida de sua família.

Você recebeu de Deus um coração aberto ao Sagrado, e favorável ao cultivo de uma intensa espiritualidade: seja inquieta neste sentido, e não se conforme diante das derrotas que a existência lhe impuser. *Levante-se hoje e assuma o poder de sua intercessão e espiritualidade, lute com as armas certas e não se lance ao combate de cada dia sem antes rezar, conectar-se com Deus e Dele receber a pedagogia certa para enfrentar cada desafio.*

Este dom e predisposição já estão em você, basta cultivá-los e despertá-los de maneira exitosa. Sua oração é mais forte do que você imagina: seja sábia e construa cada degrau de sua existência a partir de sua espiritualidade e intimidade constante com Deus (através da oração).

Aprenda cada vez mais a relacionar-se com Ele, como a grande motivação e força de sua vida, e tudo que você viver a partir disso ganhará um novo sentido. Ele mesmo se encarregará de proporcionar, a cada dia, novas oportunidades e experiências para revelar ao mundo a beleza de seu feminino coração, com tudo que ele traz na essência.

Deus te falará ao coração, revelando-te cada vez mais a verdade e riqueza de sua alma feminina (Ele te revelará a você mesma). Não tenha receio e construa com Ele essa intensa e sincera comunhão, o que te fará trazer à tona a mulher forte e bela que já existe em você.

O mais importante é que você não mais se sentirá sozinha nem incompreendida em seu caminho, pois Deus, que a criou com todos os seus sonhos e anseios, estará sempre ao seu lado em todas circunstâncias de sua história.

Ative sua espiritualidade e conecte-se cotidianamente ao Sagrado – com "s" maiúsculo. Seja uma mulher que reza constantemente e que percebe a forma como Deus Se manifesta em sua própria história. Treine sua alma para bem ouvi-lo, interpretando com plenitude o que Ele pede em cada ocasião: tal prática lhe acrescentará inúmeras conquistas e uma sabedoria que você jamais imaginou poder desfrutar.

Conclua este capítulo fazendo esta linda oração:

Senhor Deus, obrigada por hoje me revelar esta belíssima verdade: em minha alma existe uma natural inclinação que permite conectar-me intensamente contigo.

Há em mim uma sede de um intenso relacionamento com Teu coração, e eu quero viver este relacionamento que me sara e que completa minhas ausências mais profundas.

Agradeço-te por ter recebido uma maior percepção de Tua presença e ação: obrigada, pois isso me possibilita viver uma forte espiritualidade que me preenche e dá sentido a todas as minhas experiências.

Quero ser uma mulher sábia, Senhor, que reza antes de agir e que busca receber de Ti a direção, as palavras e a pedagogia certa para tudo realizar.

Quero ser uma intercessora, e levar minhas necessidades e as de minha família à Tua presença todos os dias.

Sei que o Senhor me ouve, e que grande é o poder que recebi para interceder por aqueles que a vida me confiou.

Desejo fazer a diferença onde quer que eu esteja: dai-me as atitudes e a percepção certa para cada momento.

Equilibra-me, com a ação do Teu Espírito, ensinando-me a hora e a forma certa de falar e agir.

Unja-me com a Tua sabedoria e discernimento, e conecta-me cada vez mais a Ti com laços profundos de amor.

Ensina-me a Te escutar e a Te perceber em tudo, vivendo uma intensa e natural espiritualidade em tudo o que sou e faço.

E que assim eu me permita ser conduzida por Tua voz, e que a Tua amizade e presença me guiem em todas as circunstâncias de minha vida.

Amém.

10. Curar a dor de não se sentir amada – romper com o cárcere da autorrejeição

Toda mulher é um mistério a ser desvendado. Muitas vezes, até para si mesma. O coração feminino é um cofre povoado de belezas, cuja única chave capaz de o abrir é o amor.

A alma feminina possui, desde a mais tenra idade, um profundo e sincero anseio por amor. É claro que todo ser humano possui este anseio, visto que todos fomos criados por amor e para amar. Todavia, a mulher, justamente por sua específica sensibilidade e sua distinta constituição emocional, manifesta uma verdadeira lacuna na alma que só poderá ser preenchida por um amor que a faça sentir-se viva, percebida e admirada. "

Segundo o Dr. Joel Rennó Jr., que é o diretor do Programa de Saúde Mental da Mulher do Instituto de Psiquiatria da USP (IPq-USP), as mulheres são mais emotivas e conectadas afetivamente, e expressam com mais facilidade seus sentimentos do que os homens, porque o sistema límbico delas é mais desenvolvido do que o deles.[56] E justamente por isso, a mulher possui uma grande sede de afeto e atenção, podendo tornar-se "seca por dentro" quando formas sinceras de amor e cuidado não visitam sua história, sobretudo na infância. E aqui não estou me referindo ao amor apenas afetivo, de um homem por uma mulher, por exemplo, mas do amor dos pais, irmãos(as), amigos(as), filhos(as) etc., enfim, daqueles que compõem ou compuseram sua vida.

Uma filha sempre aguardará – consciente ou inconscientemente – que o pai a note, perceba sua beleza e a admire. Essa é uma inclinação natural que, quando equilibradamente correspondida, faz com que a futura mulher se torne inteira e, assim, possa revelar ao mundo a beleza de seu dom.

É natural na mulher o desejo de ser percebida e desvendada por alguém que possa revelá-la a si mesma, admirando suas belezas e valorizando-a em sua verdade. Sua alma possui a sede de um genuíno amor, de um afeto que a faça sentir-se aceita, acolhida e confiante.

Quando tais realidades não são satisfeitas, e quando a mulher começa a se sentir usada, ao invés de amada, e instrumentalizada,

---

[56] Pesquisa presente em: http://emais.estadao.com.br/blogs/joel-renno/ diferencas-cerebrais-entre-homens-e-mulheres-justificam-habilidades-e--comportamentos-distintos/ Acesso 23.04.17.

ao invés de admirada, inúmeras feridas emocionais começam a surgir em seu coração e a carência – entre outros possíveis desequilíbrios – começa a emergir em seu interior, influenciando sua forma de se interpretar e de construir seus relacionamentos.

Quando essas ausências acontecem, seu coração pode se tornar propenso ao cárcere da aprovação, manifestando uma dependência de migalhas de afeto que outros corações lhe possam oferecer. Quando em sua história – sobretudo na infância – uma mulher não se sentiu amada, afirmada e admirada, sua autoestima tenderá a tornar-se afetada, e a forma como ela se compreende sofrerá uma verdadeira distorção que, por sua vez, gerará inúmeras consequências negativas.

Por não se perceber acolhido e valorizado por outros corações, o coração feminino tenderá a enfrentar um verdadeiro inverno emocional que o tornará vulnerável e, muito possivelmente, manipulável por quem lhe ofereça equivocadas formas de "amor". Tal trama poderá colocar em jogo a autonomia emocional de tal mulher, gerando possíveis estruturas de carência e dependência, que lhe imputarão o risco de perder sua liberdade interior.

Quando falta amor, as feridas aparecem e as ausências buscarão ser – inconscientemente – compensadas através de outras realidades e/ou compulsões. Assim, nascem desequilíbrios, inseguranças e problemas com a autoestima, e o coração tenderá a facilmente permitir-se aprisionar por inúmeros dissabores relacionais.

Nada é mais poderoso para curar o amor que faltou no ontem, que o amor que nos abrimos para receber e para ofertar no hoje;

o amor – experienciado do jeito certo – será sempre um remédio poderoso, capaz de curar nossas feridas e ressignificar os cenários de nossa história. Ele sempre poderá fazer a primavera alvorecer onde antes o inverno causou desassossego e destruição.

Em meu ofício como sacerdote, tenho encontrado muitíssimas mulheres feridas por não terem recebido o necessário amor afetivo ao longo de suas histórias. Suas feridas muitas vezes começaram em sua vida mais pregressa – na infância, por exemplo – e se estenderam ao longo de sua trajetória, gerando inúmeros outros desconfortos e dores emocionais.

Por não encontrarem a forma adequada para lidar com essas internas ausências, muitos desses corações perceberam-se povoados por carências e inseguranças que os levaram a se sujeitarem a realidades inóspitas e desrespeitosas, tudo em troca de migalhas de afeto e acolhida. Daí é que surgem mulheres que se tornaram reféns da baixa estima, que se sentem constantemente inseguras e não amadas, e por isso se alienam, sujeitando sua dignidade a pessoas que não reconhecem nem respeitam sua essência e valor.

Quantas mulheres foram criadas em um ambiente repleto de desafeto, desrespeito e muitas cobranças, no qual tiveram que abafar sua sensibilidade e verdade sem terem a condição de se sentirem acolhidas em sua verdade; por isso, não se sentiram valorizadas e realmente amadas. Esses corações não se sentiram admirados, protegidos e amados quando crianças, e carregam essa ausência pela vida afora, buscando compensá-la e preenchê-la em outros olhares e corações.

Para todo ser humano e, principalmente, para uma pequena menina, o elogio, o sentir-se bonita, notada e segura é uma
necessidade afetiva fundamental. Por isso, os pais necessitam se
atentar a tal realidade, sabendo elogiar sua menina (seus filhos,
em geral), valorizando-a e expressando claramente o que ela
tem de bom.

*Muitos são os corações femininos que se tornaram depen-
dentes do afeto e da aprovação alheia, em virtude de não terem
sido "aprovados" e admirados pelas primeiras pessoas com as quais
conviveram em suas vidas.* Quando acontece essa ruptura já na
base da formação da identidade, a mulher em questão correrá o
risco de desenvolver um comportamento inseguro e facilmente
influenciável, o qual poderá produzir indigestas consequências
em sua futura dinâmica interativa e relacional.

*Quando o afeto dos pais é ausente (sobretudo, o paterno), o
coração feminino poderá inconscientemente vagar pela vida à
procura da acolhida que não recebeu em seus primeiros anos de
vida, buscando em outras pessoas o afeto e a afirmação que lhe
foram ausentes.* Inúmeros corações femininos "se entregaram" a
tóxicos relacionamentos buscando segurança e amor, inconscientemente crendo que ali seriam admirados, cuidados e acolhidos,
mas acabaram enganados, expostos negativamente e, por fim,
sentiram-se apenas usados e instrumentalizados.

Há diversas mulheres que, mesmo estando casadas, sentem-se
sozinhas e não compreendidas em seus verdadeiros desejos e
necessidades – mulheres que em incontáveis circunstâncias
perceberam-se vistas apenas como um objeto de prazer por

parte do esposo, sem nunca sentirem-se amadas ou realizadas, afetiva e sexualmente, enquanto mulheres.

Mulheres que, em sua vivência sexual, nunca tiveram sequer um orgasmo verdadeiro, nem se sentiram sinceramente desejadas e amadas, mas se sujeitaram a impurezas e fingimentos para agradar e atender os desejos de um homem que não se importou com elas, nem as procurou conhecer, compreendendo seus reais desejos e necessidades.

Quantas nunca receberam um sincero elogio ou um gesto de carinho por parte do esposo e dos filhos, e nunca ouviram um simples "obrigado" por parte dos seus. Mulheres que se sentem como concretas empregadas, condenadas a servir incansavelmente a família, sem nunca ser valorizadas e vistas como pessoas.

Muitos são os corações femininos extremamente feridos porque, em meio a seus medos e carências, entregaram-se a veladas formas de alienação afetiva, ofertando-se a quem não as amava, valorizava, ou que delas sinceramente quisesse cuidar, tudo para receber como recompensa uma equivocada forma de afeto e aprovação.

Mulheres têm sede de um abraço sincero, de uma palavra amiga, de elogio, de colo. Corações que se sentem tão feridos pela vida que deixaram de desejar uma vida mais feliz, permanecendo apenas frustração e medo em seus corações.

Ouso, com muito respeito, novamente afirmar que dentro de toda mulher existe uma menina – independentemente da idade... Uma menina que tem sede de colo, acolhida e afeto, ansiando por ser protegida e admirada por seu pai.

Sua alma necessita da acolhida de um pai que não a julgue, mas que a faça sentir-se única, apreciada e amada. É claro que o amor de um namorado ou de um esposo é extremamente relevante, mas existe um espaço dentro do coração feminino que só pode ser acessado por um amor paterno, que a faça sentir-se filha, portanto, protegida, cuidada e admirada.

Aqui entra em cena o esplendoroso amor de Deus Pai, que poderá sempre preencher essa lacuna interior, sendo a base principal de todo autêntico processo de cura emocional. Só a experiência com este amor profundo pode curar as ausências e carências mais profundas presentes em nosso tecido afetivo e emocional.

Esse paterno amor tem o poder de fazer uma esposa, uma mãe, uma avó, uma profissional, enfim, uma mulher tornar-se filha novamente, descobrindo um consolo e uma força capazes de plenificar sua alma e dar um novo sentido a toda a sua história.

Deus é um pai capaz de restaurar a dignidade de todas as suas filhas, preenchendo-as com seu sincero afeto, que as faz compreender e assumir o seu próprio valor e dignidade. Ele é um pai que ama sinceramente, e que não exige que você seja perfeita para te aceitar. Ele te entende mesmo quando você mesma não se compreende e/ou não se possui inteiramente.

O paterno amor divino é capaz de curar as carências presentes em seu coração feminino. Talvez seja isso o que falte para que você alcance o devido equilíbrio afetivo, a segurança interna e a coragem para enfrentar a vida, superando as feridas de seu passado: abrir-se ao maravilhoso amor de Deus Pai, fazendo uma concreta experiência de filha com Ele!

Convido você a fazer agora, com um sentimento filial, esta breve oração:

Deus, meu querido pai!

Abro-me agora ao Teu amor infinito e incondicional.

Sei que o Senhor me admira, ama e protege; sei que Teus olhos me enxergam como a filha linda do Teu coração.

Ainda que eu esteja ferida em meu relacionamento com meu pai humano ou com outros homens, peço agora que o Teu amor paterno sobre mim cure profundamente meus afetos e emoções.

Talvez eu não tenha me sentido amada, valorizada e admirada por meu pai, que foi ausente, omisso ou, ainda, excessivamente severo.

Talvez eu nunca tenha me sentido filha, a menina amada, amparada e importante para meu pai.

Talvez ele não tenha me assumido, abandonando minha mãe e a mim...

Talvez ele tenha falecido sem que eu pudesse viver com ele uma experiência de filha.

Peço que o Senhor cure neste momento as minhas feridas afetivas mais profundas: livra-me do sentimento de rejeição e cure todas as minhas carências e medos, Senhor.

Se vivi experiências tristes em meus relacionamentos com os homens, com os quais não me senti segura e respeitada, mas senti-me usada e não valorizada, cura-me agora, Senhor, com Teu amor de pai.

Se vivi uma vida de prostituição e impureza, sujeitando-me a coisas terríveis em troca de migalhas de afeto, cura-me agora com Teu amor, Senhor, e lava-me com Tua misericórdia.

Se me sinto suja, vazia e triste, liberta-me agora com Teu poder e resgata a minha dignidade de filha.

Cura as feridas profundas de minha história, e preenche a minha sede de amor.

Meu querido Pai, sei que sou Tua filha e que o Senhor me valoriza e admira, assim como eu sou e estou. Teu amor e acolhido são infinitamente maiores que meus erros e fraquezas, e eu confio em Tua bondade e afeto por mim.

Sei que Teu amor quer sempre me proteger e conduzir cada um dos meus passos.

Obrigada, porque sou importante e amada aos Teus olhos: o Senhor não me julga nem condena, mas me acolhe com Tua infinita bondade.

O Teu amor me faz sonhar de novo, resgatando em mim a alegria e a identidade de filha.

Assumo hoje Teu amor em minha história, em nome do Teu filho Jesus, e assumo que sou a filha desejada, cuidada e muito amada por Teu coração.

Se as pessoas não souberam me respeitar e valorizar, o Senhor sempre esteve comigo me amando, respeitando e protegendo.

Assumo essa consciência e tomo posse de Teu amor por mim.

Obrigada, meu Pai!

Amém.

Prossigamos nossa reflexão.

As experiências de desafeto vivenciadas por uma mulher realizam o ofício de, inevitavelmente, deixar feridas em seu tecido afetivo e emocional, as quais podem fragilizar diretamente uma realidade essencial para que uma mulher viva bem e construa com êxito seus relacionamentos, que é o amor próprio.

Como evidenciei no capítulo sobre a autoimagem feminina, a ausência de amor próprio é um grande problema interior a ser resolvido, sobretudo nas mulheres que – por sua própria constituição – são mais sensíveis para se perceber e interpretar.

Quando o amor próprio de uma mulher se mostra fragilizado, ela acaba encontrando muita dificuldade para estabelecer – com clareza – o filtro através do qual permitirá o ingresso das pessoas e contextos em sua vida, ficando vulnerável a relacionamentos tóxicos e a internalizar emoções estragadas e indigestas.

O amor próprio será sempre o ponto de partida para que um relacionamento possa ser saudável – seja nos relacionamentos que construímos com os outros, seja naquele que temos conosco mesmos. Se a mulher não realiza essa travessia e não vive essa linda experiência de cura de sua história através do amor de Deus Pai, seu coração correrá o constante risco de estabelecer relacionamentos destrutivos e unilaterais, nos quais poderá se machucar, colecionando ainda mais dissabores e frustrações no universo de seus afetos.

O filtro do amor próprio precisa estar em dia para que não internalizemos emoções mentirosas e estragadas a respeito do que somos; afinal, não somos tudo o que sentimos nem somos aquilo que as pessoas – talvez até maldosamente – disseram sobre nós: nossos sentimentos machucados e/ou as palavras negativas dos outros corações não podem ter o poder de interferir em nosso universo interior e nos prejudicar.

É preciso investir neste processo de cura que nos possibilita assumir nosso próprio valor, compreendendo a riqueza do que somos e nos amando com propriedade. Dessa forma, seremos capazes de reerguer nossas cercas emocionais, não mais permitindo que qualquer um entre, bagunçando e ferindo o lindo jardim de nossos afetos e emoções.

Quem não está em dia com seu amor próprio baixa demais suas "guardas emocionais", ficando facilmente indefeso. Assim, tudo o que vem de fora pode atingi-lo, ocasionando feridas que não precisariam necessariamente acontecer.

Como está hoje o seu amor próprio e o seu senso de autovalorização? Você consegue hoje se perceber como digna de ser respeitada e valorizada pelo que você é, e não somente pelo que faz?

Quando nosso amor próprio se encontra fragilizado, tornamo-nos míopes e facilmente manipuláveis. Assim, nos permitimos subjugar por pessoas que não querem o nosso verdadeiro bem, adentrando no complexo território dos relacionamentos tóxicos.

Um critério para avaliar se seu relacionamento é tóxico ou não é o respeito. Você se sente respeitada em suas interações, ou precisa sempre se anular para agradar a outros? Em seus relacionamentos, você sabe colocar limites que evoquem respeito com para com sua integridade, ou deixa que as pessoas te invadam, depreciando seus valores e princípios? O que você permite que as pessoas façam com você? Você se relaciona com pessoas que estão sempre fragilizando sua autoestima, não permitindo que você progrida?

Tenha aqui a coragem de analisar seu amor próprio, buscando compreender e trabalhar essa questão. É claro que amor próprio em excesso estraga e faz mal, deixando o coração ensimesmado; porém, a ausência de tal realidade é similarmente prejudicial, fazendo com que o coração careça de uma autêntica realização.

Uma circunstância que muitas vezes acaba fragilizando nosso amor próprio é a dificuldade que, por vezes, experimentamos em nos aceitar integralmente, integrando os fatos e contextos escuros presentes em nossa história. *Para curar o coração é preciso viver um concreto processo de autoaceitação, lutando para vencer qualquer forma, consciente ou inconsciente, de autorrejeição.*

O sentimento de autorrejeição é um dos principais bloqueios para a cura de um problema ou ferida, seja ele de qualquer natureza. Mesmo que deseje, quem não se aceita dificilmente conseguirá se livrar de seus males e problemas, sejam eles emocionais, físicos ou de qualquer outra ordem. Faz-se necessário aceitar a situação atual e o rumo em que a vida lhe trouxe até o momento, para então iniciar em um caminho de cura e reconciliação consigo, o qual poderá trazer ao longo do caminho uma verdadeira paz e saúde ao coração.

Nossa primeira reação diante de um problema ou ferida – presente em nossa história – é o instinto de buscar se defender, rejeitando a dificuldade e tentando inconscientemente negá-la ou escondê-la. Logo que nossa mente entra em contato com a dor de determinado sofrimento, nosso instinto nos leva a apenas negar e não aceitar tal realidade, preservando a nós mesmos de tal demanda emocional.

Quando não aceitamos as feridas de nossa história, nossa mente facilmente as arremessa no universo do inconsciente, buscando preservar nossa memória e consciência do estresse e tensão que tais lembranças evocam. Esse excedente de autorrejeição – e não aceitação da própria história – continuará dentro de nós, e tenderá a influenciar nossas ações e reações, atingindo muitos de nossos resultados na existência, mesmo que disso não nos atentemos.

Se, no íntimo, estamos nos defendendo e rejeitando a nós mesmos por situações de nossa trajetória que nos colocaram em circunstâncias humilhantes, dificilmente chegaremos a um bom desfecho, alcançando cura e restauração emocionais.

Em casos nos quais houve, por exemplo, um abuso sexual na infância – realizado por algum amigo ou familiar – o sentimento de autorrejeição poderá surgir como uma direta consequência interna de tal realidade, fragilizando e prejudicando intensamente o universo afetivo da mulher em questão.

É comum que a menina se sinta suja, culpada e até impura quando vive um processo de abuso sexual. Essa realidade pode ser internalizada sob a forma de uma inconsciente autorrejeição, que poderá no futuro gerar ciclos de autoabuso e autopunição.

Aqui me recordo da história de uma mulher que certa vez conheci e que sofreu, durante oito anos consecutivos, um abuso sexual por parte de seu pai. Os abusos começaram quando ela tinha apenas quatro anos e se estenderam até os doze.

Essa mulher sofreu muito e trazia uma ferida enorme em sua alma, visto que nunca havia se sentido sinceramente amada, mas havia sido somente usada como um brinquedo sexual – um objeto – desde a sua mais tenra idade, e o que é pior, por parte de seu próprio pai, que deveria ser a principal pessoa a amá-la e protegê-la.

Ela trazia um intenso complexo de autorrejeição e sentia – inconscientemente – que tudo o que lhe aconteceu era, de alguma forma, culpa dela e de seu equivocado comportamento. Sua mãe sabia dos abusos, e por ser também fortemente oprimida pelo pai, não soube ajudá-la nem lidar adequadamente com a situação. Sua mãe também a culpava e, constantemente, lhe dizia palavras de condenação e negatividade.

Enfim, essa era uma família totalmente desequilibrada e atípica, que enfrentou verdadeiras atrocidades – coisas realmente pesadas – em sua vivência relacional. Aos 17 anos essa mulher saiu da casa dos pais e foi morar em outro estado, para estudar e trabalhar.

Após todos esses terríveis fatos e feridas, nossa protagonista desenvolveu um verdadeiro transtorno de autopunição e autossabotagem, além de sucessíveis surtos depressivos, o que a levou à vivência de relacionamentos terríveis, com pessoas que muito a humilharam e a trataram como um objeto sexual. Ela, por não se valorizar e por se compreender como uma pessoa má (a verdadeira culpada por toda essa situação), acabou procurando relacionamentos com homens que – de alguma forma – acabavam reproduzindo um comportamento semelhante ao do pai, e que a tratavam sem qualquer respeito ou sincero afeto.

Ela apanhou muito em um de seus relacionamentos, no qual se envolveu com um homem violento e viciado, que a tratava como uma escrava sexual. Bem no fundo, ela se submetia a tudo isso como uma inconsciente forma de se punir, descarregando sobre si toda a raiva e frustração que sentia em suas emoções e em seu coração.

Seu coração acreditava que não merecia nem podia ser feliz, e que estava condenado a uma vida de constante sofrimento e desamor, sem nunca experimentar um amor sincero que a valorizasse e a fizesse realmente feliz.

Após um processo lindo de cura e restauração emocional, que teve seu início na experiência de um forte encontro pessoal com Deus e com seu amor de pai, por ocasião de um retiro espiritual, tal mulher pode descobrir que sua vida poderia acontecer de forma diferente. É claro que a ferida dentro dela era enorme, e que sua autoestima e autoimagem estavam profundamente fragilizadas.

A partir da experiência da cura interior e do acompanhamento pessoal, ela pode ir descobrindo um imenso amor, capaz de restaurá-la por completo, iniciando um novo tempo em sua história.

Ela decidiu não ser uma eterna refém de suas feridas, e lutou com todas as suas forças para superar os seus muitos traumas e medos, reconstruindo sua vida. Após um longo período de cura interior e aprofundamento na experiência com o paterno amor de Deus, ela se permitiu viver um novo relacionamento com um homem bom, que era diferente de todos com os quais ela havia se relacionado até então.

Este novo namorado a amou, respeitou e esperou o seu tempo, visto que ela ainda enfrentou muitos conflitos internos até sentir-se feliz e merecedora de um afeto assim, pois a voz da autopunição persistiu em seu interior ainda por algum tempo. Após alguns anos de namoro, eles decidiram se casar e construíram uma belíssima família.

Como fruto de seu vivência espiritual e de seu processo de cura interior, ela foi dando passos no exercício do perdão, através do qual ela pode aceitar sua história e trabalhar interiormente para perdoar a si mesma e aqueles(as) que muito a feriram.

Hoje ela é feliz e colhe vigorosos frutos, advindos da cura de sua história de vida a partir do amor divino: ela se percebe amada e digna deste apreço, e deixou de ser a principal inimiga de sua própria realização. Ela se aceitou e perdoou, entregando a Deus as situações de sua história que não poderia mais mudar. Este amor divino a restaurou e lhe deu a possibilidade de viver com profundidade a experiência de um novo amor humano.

Atualmente, ela professa e vive sua fé junto com seu esposo e sua família, e sua alma experimentou a cura de suas feridas, reconciliando-se com a própria história. Claro que não foi fácil enfrentar e superar tudo isso, mas a escolha estava apenas em suas mãos: ou ela lutava para ser feliz e curar as feridas de sua trajetória, ou desistia e se conformava com o mal, entregando sua vida a uma completa ruína. Felizmente, ela decidiu lutar, compreendendo que não estava sozinha e que, impulsionada pelo amor sincero e infinito de Deus, poderia ser restaurada, dando um novo rumo aos seus dias.

Existem outras sórdidas consequências que emergem de processos semelhantes a este, nos quais uma mulher sofre experiências de abuso sexual, emocional ou verbal, tais como: a mulher sentir uma constante vergonha de si, ou ainda, viver um complexo ciclo de autodepreciação que produz, inevitavelmente, terríveis consequências emocionais.

Impulsionadas pela vergonha e pela autoaversão, algumas pessoas chegam até o extremo de se ferirem fisicamente, como uma espécie de autodestruição. Outras se comportam de maneira constantemente detestável, com a intenção de afastar as pessoas e de atrair a sua antipatia, assim agindo para serem novamente rejeitadas, manifestando aí um terrível vício emocional. *Já que elas rejeitam a si mesmas, estão convencidas de que os outros também as rejeitarão, e por isso manifestam um comportamento de acordo com aquilo que pensam a respeito de si.*

Joyce Meyer, uma renomada autora americana que escreveu sobre as terríveis consequências do abuso sexual,[57] evidenciou que, diante da vergonha e autorrejeição que são fruto dessa indecorosa circunstância, toda mulher precisará saber purificar o que ouve da parte de outras pessoas, não permitindo que seu coração seja povoado por palavras e sentimentos que a façam retroceder em seu processo de superação de tal realidade:

---

[57] Em seu livro *Curando as Feridas Emocionais.*

Se você está buscando recuperar-se do abuso, então não deve permitir que as opiniões das outras pessoas a seu respeito, evidenciadas na maneira pela qual você foi maltratada no passado, determinem o seu valor. Lembre-se: pessoas que se sentem sem valor sempre tentarão encontrar alguma coisa errada em você, para que possam se sentir um pouco melhor sobre si mesmas... Tenha em mente que isso é um problema delas, e não seu.[58]

Enfim, independentemente do contexto, precisamos nos empenhar para armazenar em nossa alma apenas as palavras e olhares que nos façam crescer, nunca aqueles que existem apenas com a missão de nos prejudicar e desestruturar.

Neste processo de cura de nossa história, precisaremos também nos esforçar para compreender onde os processos de autorrejeição começaram em nós, investigando onde estão suas raízes em nossa história. Assim, poderemos lidar melhor com eles, encontrando maneiras mais eficazes para superar a dor e a tensão que eles evocam.

Talvez você não viva um processo de autorrejeição total com relação a si, no qual se rejeita e nega totalmente, mas percebe que existe em seu interior uma forma de não-aceitação apenas para com algumas áreas de sua história e personalidade que não te agradam. Independentemente de como essa autodepreciação se manifeste, é necessário buscar racionalizá-la e combatê-la, construindo um consciente caminho de autoaceitação e amadurecimento emocional.

Mas, afinal, o que é mesmo a autoaceitação?

---

[58] *Curando as Feridas Emocionais,* p. 69.

Em suma, é ter consciência da pessoa que você é, assumindo sua verdade, com todas as suas qualidades e limitações. Aceitar-se não é resignar-se diante dos defeitos e acomodar-se no que não é bom. Ao contrário, é tomar consciência de que todas as suas características, positivas e negativas, fazem parte de você, e que você tem valor e merece ser amada apesar de suas fraquezas e defeitos.

Quero agora apresentar alguns passos práticos que, neste ponto, poderão muito ajudar a compreender e trabalhar uma genuína autoaceitação, que é um requisito essencial para que nos tornemos mais inteiros e aptos a curar nossa história e seus enredos. São despretensiosas dicas que podem nos levar a aceitar nossa verdade, lidando melhor, com mais liberdade e maturidade, com todos os aspectos de nossa história e personalidade.

Troque o vitimismo pela autorresponsabilidade

Cultive a consciência de que é necessário tomar as rédeas da própria vida, assumindo sua história com todas as dores e consequências nela presentes. Não estacione em mágoas e episódios tristes: assuma a responsabilidade por sua história e se decida a direcioná-la de forma diferente, esforçando-se para se tornar a verdadeira protagonista de seus sonhos.

Você é responsável pelas escolhas que fará a partir de hoje, visto que elas moldarão o rumo de seus passos e te levarão a superar os desencontros de seu passado. Por isso, segure firme nas rédeas de sua existência, e escolha com sabedoria a direção da mulher que você deseja se tornar.

Mantenha uma atitude positiva em relação a si

A única maneira de mudarmos a percepção que temos de nós mesmos é mudando a forma como pensamos a nosso respeito e fazemos nossa autocrítica. É preciso trabalhar o "diálogo interno", desenvolvendo uma atitude mais misericordiosa e compreensiva consigo, a fim de podermos nos interpretar com mais leveza e esperança.

Procure prestar atenção nas pequenas atitudes e palavras autodestrutivas e as corrija, protagonizando ações e palavras de amor próprio.

Não caia no erro da comparação

A comparação é sempre atroz e intensifica ainda mais as feridas emocionais e os processos de autorrejeição já presentes em nós. Comparar seu potencial consigo mesma, a partir daquilo que você já foi capaz de superar e vencer, pode ser mais produtivo do que a comparação com outras pessoas, que são diferentes e vivem outros processos.

Fuja do cárcere da comparação, compreendendo que você é uma pessoa única, com dons e com uma história muito particulares. *Não meça a si mesma com os "óculos" dos outros;* isso pode ser extremamente prejudicial para o seu processo de cura interior e de transformação humana.

Não valorize demasiadamente a opinião alheia

As opiniões alheias, mesmo as das pessoas que você mais respeita, podem ser simplesmente subjetivas. Ou seja, apenas "pontos de vista" de alguém que pode não ter ainda compreendido todos os ângulos da questão – por vezes, complexa – que é a sua vida.

Não se anule nem mude a sua essência para agradar e corresponder às expectativas dos outros. Cada vez que você se isola para agradar outra pessoa, você satisfaz os interesses dela e acaba intensificando um processo de autorrejeição e autodesvalorização.

Saiba que a melhor parte de toda a história da humanidade foi escrita por pessoas que tiveram coragem de assumir a si mesmas e confrontar opiniões, contrariando as expectativas das pessoas que não souberam compreendê-las com inteireza. Elas pensaram diferente e foram autênticas o bastante não falsificar suas convicções e, a partir disso, ofereceram uma contribuição única e especial para o mundo.

Invista o máximo no autoconhecimento

Conhecer-se é o primeiro passo para tomar consciência das atitudes destrutivas que precisamos internamente mudar. O autoconhecimento pode evidenciar feridas e imperfeições que você jamais identificaria de outra forma.

Por mais que seja desafiante conhecer-se e descobrir as próprias feridas e recalques, apenas um sincero processo como este pode nos oferecer condições de integrar nossa verdade e caminhar com eficácia rumo a uma concreta autoaceitação, que é a base para toda cura profunda. Através da autoaceitação, assumimos que somos únicos, amados e temos o direito de ser felizes, independentemente dos contextos presentes em nossa história.

Todos precisamos trilhar este caminho – essa verdadeira travessia, buscando a cura de nossas feridas e dores mais profundas, a fim de superarmos a autorrejeição e construirmos um percurso que nos leve a assumir nossa dignidade e valor.

Você é uma pessoa valorosa e especial, que merece acertar e ser feliz. É assim que sua alma precisa se enxergar. Levante-se e trilhe sem medo este caminho de profunda restauração, tomando posse de suas belezas e trabalhando as fraquezas que sua história lhe acrescentou.

Não se esqueça: qualquer que seja o contexto e a intensidade das feridas, será sempre possível assumir-se como filha amada, recomeçando e curando as dores de sua história! Inicie hoje com determinação este itinerário de libertação, rumo a uma sincera restauração e cura de suas emoções e percepções mais peculiares.

Valores, chá, lembranças...

Nem tudo o que tem preço vale.

Nem tudo o que vale tem preço.

Nas tardes da memória pôde a alma estar pálida,
mas o valor sempre esteve ali.

Alguns fixaram preço no que não valia, exercendo desastrada matemática retórica.

Outros buscaram imputar monetário custo ao que tem, sobretudo, valor.

É possível valorar o que não encontrou morada na casa do valor? Talvez?

Creio que não.

Há quem chegue atrasado, perdendo-se por não saber mensurar o que realmente vale.

O que vale desarma toda medida.

Não tem preço, simplesmente vale e nada anula sua beleza ímpar.

Ainda que cometas nos atinjam, continuaremos sendo sempre nós.

Misturas. Compostos por molduras alegres e opacas.

Mas, sempre e apenas nós...

Feridas não destroem uma essência, não abafam um valor.

Sempre houve um lugar para você naquela tarde,
onde o Pai te esperou...
Com um olhar de respeito e admiração, de quem desacordado
acorda o sono,
Ele aguardou seu regresso,
para com incontestado soluço e prece,
devolver-te o valor que sempre morou em você.
Que nesta tarde a vida se refaça e não tenha pressa de acontecer.
E que este Paterno olhar possa consertar a gaveta de suas
lembranças,
colocando cada coisa em seu honesto e verdadeiro lugar.
Seja bem-vinda a esta casa que sempre foi sua:
aqui você poderá sempre ser tudo e apenas aquilo que você é,
trazendo à superfície do tempo as belezas que, incontestes,
estavam ocultadas à aurora de sua percepção!

PE. ADRIANO ZANDONÁ

11. Curar o interior para restaurar os sonhos – acordar os sonhos adormecidos

UMA DAS PRINCIPAIS CONSEQUÊNCIAS das feridas emocionais em todo e qualquer ser humano é o ofício de sufocar a esperança. Sim, quando o tecido de nossos afetos e emoções está povoado por desafetos, nossa esperança e a admirável capacidade inventiva nela presente acabam sendo subtraídas, o que nos insere em um estado letárgico de alma que fatalmente nos aprisiona a dores e dissabores do passado.

Quando estamos feridos e não nos sentimos realmente amados, nossa capacidade de sonhar acaba sendo afetada, e vamos perdendo a coragem de ousar e lutar por dias melhores. O processo de cura interior é extremamente necessário neste ponto, a fim de que possamos resgatar nossa verdadeira essência, reconectando nossa alma com uma viva e forte capacidade de sonhar e cultivar a esperança.

A capacidade de sonhar é realidade que encontra um eco muito forte no universo feminino. Por sua própria "carga" hormonal e emocional, o coração feminino tem uma inclinação natural a construir sonhos e a se projetar criativamente neles. O coração feminino possui uma dinâmica capacidade imaginativa, o que o torna naturalmente propenso aos sonhos. Justamente por sua peculiar sensibilidade, a alma feminina tende a se fragilizar mais diante das frustrações, quando percebe o naufrágio das condições e possibilidades relativas ao que conjecturou seu coração.

As feridas afetivas e as frustrações fragilizam os sonhos, fazendo com que a alma se intimide e se torne desmotivada. Quem está ferido não sonha, ou o faz de forma míope e rasa demais: sonha de maneira fragmentada e aquém de suas possibilidades, por se enxergar pequeno e impotente demais.

Uma das realidades que mais podem abafar nossa capacidade de sonhar são as feridas nascidas em processos de decepção. Este sentimento é verdadeiramente cáustico, no sentido de que corrói na raiz a força que impulsiona nossos sonhos: a esperança.

Todos iremos nos decepcionar em algum momento da vida, isso é inevitável. Contudo, é preciso saber trabalhar essa realidade internamente, minimizando suas consequências emocionais – através da cura interior, a fim de que este traiçoeiro sentimento não corroa nossa capacidade de esperança, nem nos ausente da possibilidade de construir uma vida mais repleta de conquistas.

Como quase tudo na vida, a decepção também pode concorrer a nosso favor, confiando-nos belíssimos ensinamentos. Quando nos decepcionamos com as pessoas, conosco mesmos ou até mesmo com Deus, temos a possibilidade de ser mais maduros, podendo enxergar a vida e as pessoas com menos expectativas e ilusão. Assim, nos tornamos mais aptos a lidar com os "nãos" que, de tempos em tempos, visitam nossa história e configuram a trama de nossos relacionamentos.

Decepcionar-se pode nos ajudar a ser mais sinceros conosco e com os outros, sem esmagar a nós mesmos e as demais pessoas com o fardo de constantes expectativas.

Apesar dos aspectos positivos que a decepção pode também acrescentar, é notório que muitas pessoas atualmente, principalmente mulheres, têm sido afetadas em sua capacidade de sonhar – consciente ou inconscientemente – em virtude de mágoas e decepções. Necessário é saber investigar-se com clareza, para saber se as "pancadas" da existência não nos deixaram céticos e desconfiados demais, a ponto de não mais conseguirmos sonhar.

Você já se perguntou a respeito de quais sonhos você desistiu em virtude de medos, decepções ou feridas? Talvez seja justamente nesses sonhos adormecidos que se esconde um itinerário concreto de realização e felicidade para sua vida. Você já se questionou acerca disso?

O que tem te impedido de sonhar e por quê? Será que talvez hoje você se perceba tão pronta, forte e "resolvida", que em sua vida não haja mais lugar para seus desejos e sonhos? Será que talvez eles estejam sendo interpretados como uma "bobagem" improdutiva?

Será que hoje seu coração não se atreve mais a sonhar, em virtude de estar acomodado em zonas de conforto que a impedem de arriscar? Será que você não sonha mais, por receio de ser mal interpretada ou não acolhida?

Sonhar é uma atividade extremamente importante para todo e qualquer ser humano. O sonho alimenta a esperança e faz com que uma pessoa possa enxergar além de suas dores e sofrimentos atuais. Ele mantém a alma viva e coloca o interior em movimento, impulsionando-o na direção de realidades que façam o coração superar as dificuldades, indo além dos problemas e dores que o querem limitar.

Quem deixa de sonhar e concretizar a esperança, de alguma forma, já deixou de viver. O sonho é realidade importantíssima, que precisa ser alimentada e estimulada em cada alma feminina. Por isso, o proposto processo de cura interior é extremamente benéfico para toda e qualquer mulher, a fim de que suas emoções e afetos possam ser curados e ressignificados, para então sua alma despertar para a possibilidade de sonhar.

No entanto, não basta apenas sonhar. Antes, é preciso sonhar do jeito certo: com discernimento e compreensão de quais são os nossos verdadeiros e genuínos sonhos.

Em muitas circunstâncias, precisaremos nos questionar sobre a qualidade e verdadeira raiz de nossos sonhos: de onde eles vêm (onde nasceram) e para onde querem nos levar? Todo sonho precisa passar pelo crivo do discernimento e reflexão. Ao contrário, poderão nos confundir e encarcerar em contextos de imaturidade e confusão interior.

Existem sonhos que não são realmente nossos, mas que acabamos assumindo por influência de outros. Em algumas situações, acabamos sendo sugestionados por pessoas que possuem influência sobre nós, e que buscaram – consciente ou inconscientemente – nos subjugar emocionalmente, tornando-nos produto de suas escolhas e de sua aprovação.

Em outras circunstâncias, acabamos assumindo sonhos rasos e impróprios às nossas reais condições, influenciados por uma sociedade extremamente consumista, que trabalha para injetar incessantes desejos e necessidades em nosso coração.

O marketing e a propaganda atuais trabalham acirradamente para nos convencer de que precisamos de muitas e muitas coisas para ser feliz, e que temos que sempre comprar, comprar e comprar... Assim, nossos sonhos e desejos acabam sendo sugestionados por tal estratégia consumista, e começamos a crer que todos os nossos sonhos precisam necessariamente estar ligados a ideais de consumo.

Nem todos os seus sonhos são seus... Será que o constante desejo de, quem sabe, ter aquela aparência perfeitíssima – segundo os moldes atuais – e ter todos aqueles acessórios apresentados pela propaganda, são genuínos sonhos de seu coração? Isso realmente faz parte de sua essência enquanto mulher (de sua autêntica personalidade e feminilidade), ou é algo que te foi imposto de fora por um mercado que busca obrigá-la a seguir determinado padrão, tornando-se uma consumidora cada vez mais voraz?

Será que a imposição do marketing e da propaganda atual está nos dando tempo para raciocinar e compreender quais são as nossas reais necessidades? Será que temos conseguido pensar e refletir sobre nossa vida, ou estamos somente encontrando nas compras e na agitação constante a "válvula de escape" para lidar com nossos problemas e fracassos? Estamos apenas comendo, gastando ou comprando desequilibradamente, ou de fato, estamos enfrentando nossas dificuldades com reflexão, discernimento e propósito?

Ouso apresentar outra provocação: será que os padrões estéticos atuais trabalham para o verdadeiro bem das mulheres? Será que eles são sempre alcançáveis a todas?

É claro que toda mulher quer se sentir bem e bonita, mas o que muitas vezes se verifica é que inúmeras mulheres estão adoecendo e se sentindo extremamente inadequadas, por não conseguirem atingir os padrões impostos pela estética e pela mídia de nosso tempo. Há mulheres que se maltratam, deixam de comer e se tornam reféns de sonhos e ideais que não são delas, mas que foram impostos arbitrariamente por uma indústria que quer apenas vender e se enriquecer cada vez mais, em detrimento do verdadeiro bem da alma feminina.

Mais uma vez afirmo: é preciso questionar nossos próprios sonhos com honestidade, entendendo de onde eles vêm e para onde querem nos levar.

Há sonhos que nasceram especificamente de feridas, revoltas e desejos de vingança, e que por isso não são sonhos genuínos, mas apenas uma reação diante da dor apresentada por feridas emocionais. Por exemplo: O fato de alguém que, em determinada circunstância, foi humilhado e maltratado, querer efetuar conquistas – "subindo na vida" – apenas para poder humilhar e se vingar dos demais, não é um genuíno sonho. Isso é apenas a reação a uma ferida, que precisa ser curada e não tratada como se fosse a força que impulsiona toda uma vida. Essa dor pode até nos impulsionar para frente, dando-nos força e empenho para atingirmos algumas metas, mas apenas quando a cura acontece, nossos sonhos profundos e genuínos começam a vir à tona.

Nossos sonhos não podem ser motivados por feridas e mágoas, pois se assim o for, eles não serão autênticos, e poderão nos levar a lugares e circunstâncias indesejados. *Nossos verdadeiros sonhos nascem quando limpamos nossa alma, curando as feridas interiores e retirando os impedimentos emocionais para que nossa real essência venha à tona, com todos os seus autênticos anseios e aspirações.*

Muitas vezes, para que possamos tocar em nossa verdade mais íntima, descobrindo nossos verdadeiros sonhos, precisaremos retirar os inúmeros entulhos emocionais que abafaram nossa identidade, sufocando a essência que o Criador nos confiou. Apenas quando conseguimos retirar os entulhos e marcas que os traumas, perdas e feridas não curadas deixaram em nós, nossa autêntica essência começa a emergir. Só então podemos tocar e potencializar nossos mais fidedignos sonhos.

Os entulhos emocionais deixam consequências indigestas dentro de nós, fazendo com que nos sintamos perdidos e por vezes desesperançados diante da vida. Toda mulher precisa compreender que ela não é o que sente, e que por mais que as pessoas não a amaram e valorizaram, sua alma foi criada para alçar voos mais altos, alcançando lindas e consistentes vitórias.

Seu coração não pode permitir-se definir ou determinar por suas feridas e erros; sua essência é muito maior que isso e você poderá sempre recomeçar, construindo sua história de uma forma mais acertada.

Circunstâncias difíceis e sofrimentos não têm o poder de sepultar as possibilidades de uma mulher, condenando-a a uma vida medíocre e sem luz. Ao contrário, quando o coração feminino se decide a buscar a cura de sua biografia, nada pode detê-lo. E, neste percurso, ele encontra uma força que nem mesmo sabia que habitava em seu coração.

Este é um processo exigente, que demanda coragem para se enfrentar e paciência para se compreender. É claro que essa travessia não é feita a sós, visto que o Pai que sempre te acompanhou – Deus – quer te conduzir por essa trajetória de cura, restaurando sua esperança e lhe dando a disposição necessária para revisitar seus sofrimentos e os ressignificar.

O fruto objetivo de um processo de cura interior será sempre a descoberta e o resgate de seus verdadeiros sonhos. Diante de tal aprendizado, não bastará apenas identificar o sonho e conscientizar-se dele; após este importante degrau, o coração feminino precisará protagonizar, com consciência e celeridade, as ações necessárias que o colocarão na rota de concretização de tal realidade.

Todo sonho precisa ser acompanhado de passos, de atitudes concretas que coloquem o coração na trajetória de sua realização. Este ponto é muitíssimo importante.

Muitas vezes, para tomarmos posse de nossa real essência e assumir os lindos sonhos que o próprio Criador depositou em nós, precisaremos modificar muitas posturas e comportamentos equivocados, saindo de zonas de conforto e nos desacomodando de estáticas e negativas compreensões.

Para alcançarmos objetivos novos e mais acertados precisaremos, em inúmeras circunstâncias, deixar de procurar os objetivos velhos e errados, que podem até nos proporcionar uma ilusória sensação de segurança, mas que são discrepantes em relação à realidade dos sonhos que começaram a nascer em nós.

Não há ganho sem perda. Não há resultado sem mudança. Neste caminho de cura profunda e de realização de nossos sonhos, nem sempre conseguiremos preservar os sonhos e realidades antigas. Muitas vezes, para conquistar sonhos novos, precisaremos abrir mão dos sonhos velhos, que talvez não concorram para o nosso verdadeiro bem nem mereçam mais morar em nosso coração.

Nossa verdadeira felicidade exigirá novas escolhas e algumas renúncias. Para que sejamos capazes de construir novos e poderosos sonhos, precisaremos nos desprender de metas que não estejam de acordo com nossa genuína felicidade, já que elas não correspondem mais aos passos que devemos trilhar em nosso momento atual.

Para concretizar o sonho de estudar e se formar, por exemplo, você precisará se focar mais nos estudos e passear menos, abrindo mão de alguns projetos anteriores. Para realizar o sonho de restaurar sua família, talvez você precise ser menos menina e mais mãe – ou, ainda, menos colega e mais esposa. Quem sabe até você precise assumir uma nova postura dentro de casa, reclamando menos, rezando mais, entristecendo-se e desanimando menos, lutando e agindo mais.

Pode ser que, para se tornar a mulher autoconfiante e segura que você sonhou ser – que não é escravizada pela aprovação alheia e por migalhas de afeto – você precise romper definitivamente com os relacionamentos tóxicos, nos quais se cultiva um cativeiro emocional, seja ele discreto ou evidente.

Não fique presa a apegos e a falsas seguranças; faça hoje sua escolha e encerre as realidades que em sua vida estão destruindo e prejudicando você. Assim, seu coração será capaz de alcançar uma verdadeira liberdade interior e poderá sonhar novamente, e do jeito certo.

Todo sonho precisa ser acompanhado por ações e decisões que convirjam em sua direção, colocando a vida no movimento certo, na estrada que verdadeiramente nos leve ao ideal que almejamos alcançar.

Deus não planta em nosso coração sonhos que não possamos realizar. Por isso será necessário, através de um sério processo de discernimento e cura emocional, identificar os genuínos sonhos que em nós Ele já depositou, para então lutarmos com afinco pela concretização deles.

Esteja disposta a viver algumas renúncias e a fazer as escolhas necessárias, que te coloquem na concreta direção de seus sonhos. Assuma hoje as rédeas de sua vida e decida-se a caminhar na construção de sua verdadeira felicidade.

Não espere estar tudo pronto, ou haver as condições perfeitas, para então começar a construir seus sonhos com atitudes concretas. Dê hoje o primeiro passo, fazendo por você aquilo que apenas você pode e deve fazer.

Em muitas circunstâncias, para que sejamos capazes de nos lançar na direção de nossos sonhos, precisaremos cultivar um verdadeiro "coração de criança", que não fica excessivamente escravizado pelas consequências matemáticas de tudo, mas que sabe ouvir sua voz interior e caminhar, crendo e alimentando a esperança.

Em algumas circunstâncias, planejar demais só irá atrapalhar. Claro que precisamos buscar sempre exercer um cuidadoso discernimento, refletindo, sendo organizados e planejando a vida. Isso é um fato. Todavia, em determinados momentos, precisaremos apenas cultivar a liberdade de sonhar como uma criança, que caminha com leveza, ousadia e confiança, mesmo sem enxergar concretamente o final da estrada.

Até mesmo Jesus elogiou as crianças[59] e sua forma simples de agir, apresentando o coração infantil como um modelo para a conquista de várias realidades. Por isso, não tenhamos medo de imitá-las, sendo livres como elas e nos lançando na direção de nossos sonhos.

Nem sempre seremos capazes de controlar matematicamente todas as coisas, por isso precisaremos – em vários momentos –

[59] Cf. Mt 19,14; Mc 10,15.

saber nos arriscar vivendo a aventura da fé com um sincero coração de criança: livre e aberto a mudar a direção quando necessário!

Para conquistar este coração e voltar a sonhar certo, é preciso desprender-se das mágoas do passado, que tornam pesados nossos passos e cansado o nosso olhar. *Ninguém pode sonhar bem se não aprende a tornar sua vida mais leve e livre, com uma alma de criança, sem tantas culpas, mágoas e cobranças.*

Na busca de conquistar este livre coração, precisaremos lutar para nos desprender dos cárceres do ressentimento, liberando – sinceramente – o perdão que precisamos oferecer: perdoar a nós mesmos, as pessoas que nos traíram e ofenderam, perdoar a vida!

Por mais difícil e humilhante que tenha sido a situação que nos feriu, quando perdoamos realizamos um enorme bem ao nosso próprio coração, adquirindo leveza e reconquistando a possibilidade de sonhar.

Se assim não agimos, viveremos sempre pesados e não alcançaremos um coração de criança – requisito necessário para que sonhemos melhor e concretizemos nossas metas.

Para concretizarmos toda a inventividade e capacidade de renovação evocada pelos sonhos, precisaremos muitas vezes saber simplesmente virar a página, deixando nos braços da história aquilo que nos feriu e que não poderemos mais mudar ou consertar.

É obvio que as traições, humilhações e decepções nos machucam e marcam nossa alma. Mas não temos o direito de morrer com aquilo que em nossa vida deixou de existir. Deixemos passar aquilo – e aqueles(as) – que não podem mais voltar, e façamos hoje propósito de não mais nos permitir amarrar por pesos desnecessários.

Desprendamo-nos do "leite que já se derramou" e lutemos para reinventar nossa história com novas cores e capítulos. Não carreguemos nada em nossos ombros, a não ser o leve peso de nossos sonhos que, como escreveu Fernando Pessoa, "não nos cansam, porque sonhar é esquecer o que não foi bom, e esquecer não pesa...".[60]

Empenhemo-nos para sonhar do jeito certo, lançando nos braços do esquecimento o que em nós não merece mais viver. Sem pedras ou pesos desnecessários, cultivemos a certeza de que aquilo que temos de mais nosso oculta-se precisamente em nossos sonhos: "Matar o sonho é matarmo-nos. É mutilar a nossa alma. O sonho é o que temos de realmente nosso, de impenetravelmente nosso" (Fernando Pessoa).[61]

Todos os dias, encontraremos desafios e motivos que buscarão nos impedir de sonhar, lançando verdadeiros "baldes de água fria" sobre nossas esperanças. Serão vozes oriundas de problemas, medos e feridas que tentarão nos convidar à resignação diante da dureza da realidade, esfriando nossa fé e abafando nossos sonhos.

Saiba se rebelar contra tais vozes, e não aceite a força de suas imposições. Tenha a coragem de, como escreveu Clarice Lispector, "contrariar as contrariedades", remando contra as desmotivadoras marés que buscarão confiscar nossos sonhos e metas:

---

[60] Do *Livro do Desassossego.*

[61] *Ibidem.*

> Uma das coisas que aprendi é que se deve viver apesar de...
> Apesar de, se deve comer. Apesar de, se deve amar.
> Apesar de, se deve morrer. Inclusive muitas vezes é o próprio
> apesar de o que nos empurra para a frente.
> Foi o apesar de que me deu uma angústia que insatisfeita foi
> a criadora da minha própria vida.[62]

"Apesar de" muitas lutas e problemas que enfrentaremos a cada dia, a nós resta lutar, caminhar e alimentar a esperança. Cultivemos sempre um coração de criança e não nos tornemos "sensatos" e duros demais, a ponto de não mais acreditarmos em nossos sonhos.

Simplifiquemos a vida e combatamos os cotidianos focos de tristeza, exercitando uma sincera e pueril alegria. E que seja uma alegria combativa, leve e forte, que nasce do esforço de quem decidiu acreditar, não se permitindo amargar pelos desassombros e decepções.

Essa alegria é uma bússola e um norte que poderá nos mover, dando-nos recursos para enfrentar as tempestades da história, mas sem permitir que elas deformem a força interior que motiva nossos passos.

> Porque é cruel demais saber que a vida é única e desafiante
> (...) E porque é cruel demais, então respondo com a pureza de uma
> alegria indomável: Recuso-me a ficar triste. Sejamos alegres!
> Quem não tiver medo de ficar alegre e experimentar uma só
> vez sequer a alegria doida e profunda terá o melhor de nossa verdade.

---

[62] Clarice Lispector, *Uma Aprendizagem ou o Livro dos Prazeres*.

Eu estou – apesar de tudo, oh, apesar de tudo, estou sendo alegre neste instante, já que passa se eu não fixá-lo com palavras.

Estou sendo alegre neste mesmo instante porque me recuso a ser vencida: E então eu amo. Como resposta.

O amor (...) é alegria.

E a minha própria morte e a dos que amamos tem que ser alegre, não sei ainda como, mas tem que ser.

Viver é isto: a alegria (...). E conformar-me não como vencida, mas num *allegro com brio*.

(CLARICE LISPECTOR)[63]

Cultive a alegria que é fruto da fé em Deus, nascida da sincera consciência de que você é uma filha linda, amada e muito especial, que o Pai sempre te acompanha e nunca desiste dos sonhos que projetou para sua história: Ele se interessa por aquilo que é importante para você, por isso, não desista de lutar para tonar-se alguém melhor e mais feliz a cada dia!

Você é filha, e por isso não está sozinha nas batalhas de cada dia. Seu Pai – Deus – caminha contigo, lutando ao seu lado pela conquista de sua genuína felicidade. Acredite!

Despeço-me aqui, agradecendo pela singular oportunidade e honra de, mesmo como homem, poder acessar seu coração e nele depositar esperanças e sonhos. Como padre, que também é pai, faço votos de que sua trajetória de cura e transformação seja fecunda e bem sucedida, e que você encontre todos os recursos necessários para restaurar sua história e descobrir os inúmeros dons e sonhos de felicidade que para você preparou o Criador.

---

[63] Extraído do livro *Água Viva*.

Não tenha medo de ser a mulher que você pode e precisa ser: existe mais força e beleza em seu coração do que você imagina!

Recordações de um rio em Alentejo

O que sei de mim?
O que pude então eu ouvir, quando estive nos braços da verdade?
Aprendi a me escutar por dentro,
lá onde existe um mundo bem além das minhas contradições.
Sou perto e longe.
Chegada e partida.
Distância e presença.
Sou noite e dia,
praia e chuva,
angústia e sol.
Mas me convenci de que posso ser mais, pois não sou órfão.
Mais longe do que eu podia pensar...
Aqui onde a Verdade me trouxe,
com asas discretas, porém, fortes,
para brindar com a taça da vida,
o inesperado que minha alma esperou.
Sou forte, posso sonhar.
Diamante que O artista lapidou,
para concretizar nas encruzilhadas do tempo o ofício de ser feliz,
fazendo nascer o brilho:
claridade que tristeza alguma é capaz de apagar.

Assim o oráculo se cumpre.
E com os sentidos voltados para outros "aquis",
cumpro o caminho que me foi proposto,
trazendo para o mundo os lindos presentes que em mim
descansavam.
Assim posso semear flores,
sem permitir que as pedras me sufoquem.
Com leveza compreendo que posso tornar mais belo
este caminho, com vida e sonho:
despertando corações a construírem límpidas esperanças,
em meio a este tempo tão necessitado de Redenção.

Pe. Adriano Zandoná

Leia também:

seja um sócio evangelizador!

CANÇÃO NOVA

A Canção Nova é uma comunidade carismática católica, fundada por **padre Jonas Abib** e reconhecida pelo **Pontifício Conselho para os Leigos** como Associação Internacional Privada de Fiéis, e tem sua sede na cidade de Cachoeira Paulista-SP, Diocese de Lorena, São Paulo–Brasil.

O fundamento da Comunidade Canção Nova é o Evangelho: viver e comunicá-lo de maneira integral, na eficácia do Espírito Santo, enquanto esperam e apressam a vinda gloriosa do Senhor *(cf. 2Pd 3,12)*.

CLUBE DA EVANGELIZAÇÃO

Após o início da Rádio Canção Nova, foi constituído o Clube do Ouvinte, que tinha o objetivo de manter a rádio no ar através de doações, sem anúncios comerciais. Hoje, somos um Sistema de Comunicação, com TV, rádio, internet, mobile, revista e também uma grande estrutura de eventos que, assim como os demais meios, nos permite comunicar a Palavra de Deus a cada vez mais pessoas.

SEJA UM SÓCIO DA CANÇÃO NOVA

Ser um sócio evangelizador é contribuir para que a missão de levar a Palavra de Deus a todos aconteça.

Doando mensalmente, é possível manter todo o Sistema Canção Nova de Comunicação, além das obras da Rede de Desenvolvimento Social Canção Nova, fazendo com que cada vez mais pessoas possam ter um encontro pessoal com Cristo.

Faça parte dessa grande família, seja um Sócio Evangelizador, com um simples gesto, muitas vidas podem ser transformadas!

Cadastre-se como um Sócio utilizando a ficha cadastral do verso desta página, pelo site **clube.cancaonova.com**, pelo email: **clube@cancaonova.com** ou pelo telefone **(12) 3186-2600** e nos ajude na transformação de vidas através da fé!

Canção Nova
CLUBE DA
EVANGELIZAÇÃO

SER UM EVANGELIZADOR É ACEITAR ESTE DESAFIO.

Cadastre-se para tornar-se um Sócio Evangelizador. Assim você ajuda a Canção Nova a continuar evangelizando e transformando vidas. Preencha esta ficha, assine e entregue em uma das Frentes de Missão, no Atendimento da sede da Canção Nova ou envie pelos correios. Mais informações, **clube@cancaonova.com** ou ligue **(12) 3186-2600**.

Endereço para envio da ficha: Canção Nova - Clube da Evangelização
Rua João Paulo II, s/n, Alto da Bela Vista - Cachoeira Paulista/SP - CEP 12.630-900

CPF:_____ Sexo: ☐F ☐M

Nome:_____ Nasc.: ___/___/___

End.:_____ Nº:_____

Complemento:_____ Bairro:_____

CEP:_____ Cidade:_____ UF:_____

E-mail:_____ Aceita receber informações?: ☐SIM ☐NÃO

Tel.:_____ Celular:_____ Operadora de celular:_____

Profissão:_____ Religião:_____ Est. civil:_____

Tipo de Contribuição:

☐ Débito Automático (Valor mínimo sugerido de R$ 15,00)

☐ Boleto Bancário (Valor mínimo sugerido de R$ 10,00)

PARA CONTRIBUIÇÃO POR DÉBITO AUTOMÁTICO, PREENCHA OS CAMPOS ABAIXO:

TIPO DE CONTA: ☐Corrente ☐Poupança

BANCO: ☐Banco do Brasil ☐Bradesco ☐Caixa Econômica Federal ☐Banco Santander ☐Itaú ☐Sicredi ☐BRB

Agência:_____ Tipo de operação:_____ Conta-Corrente:_____

Dia para débito ocorrer: _____ Valor da doação mensal R$:_____
(Valor da contribuição em moeda por extenso, mínimo 15,00.)

AUTORIZAÇÃO PARA DÉBITO AUTOMÁTICO

Autorização de: ☐Inclusão ☐Alteração ☐Cancelamento

DADOS DO TITULAR DA CONTA

Titular da conta:_____ CPF ou CNPJ:_____

CONDIÇÕES:

Através da presente, autorizo o débito automático mensal em minha conta-corrente ou poupança, em favor da Fundação João Paulo II, CNPJ: 50.016.039/0001-75 no valor e na data especificada. A presente autorização vigorará por prazo indeterminado, podendo ser alterada ou cancelada a qualquer momento.
Para qualquer alteração de informações pessoais e/ou bancárias ou cancelamento, preencher o formulário com a opção correspondente, assinar e encaminhar diretamente à Fundação João Paulo II, via fax, e-mail ou Correios. O cancelamento da autorização somente terá efeito a partir do requerimento/pedido pertinente. Comprometo-me, desde já, a manter saldo suficiente para o referido débito, ficando a Fundação João Paulo II isenta de qualquer responsabilidade decorrente da insuficiência de saldo na data do vencimento aprazada.

_____
Titular da conta

A fonte utilizada no miolo é Adobe Garamond Pro.
O papel do miolo é Offset 70g/m² e o da capa é Cartão 250g/m².